westermann

BAUSTEINE

Sprachbuch

Erarbeitet von
Björn Bauch, Kirchzarten
Ulrike Dirzus, Iserlohn
Gabriele Hinze, Metelen
Alexandra Isack, Frankfurt
Kerstin Riesberg, Wallenhorst
Romina Stevens, Bramsche

4

Inhalt

· Kompetenzen der Seite

· Vorschläge zur Differenzierung
· SAH Fö: SAH Förderausgabe
· Interaktive Übungen

· Verweise auf ergänzendes Material
· Erklärvideo

Hallo, ich bin Quiesel.
Wenn du dieses Zeichen siehst, 
erkläre ich dir gute Lerntricks.

· Kompetenzen der Seite
· Medienbildung
· KV Fö/FO: Kopiervorlagen zum Fördern und Fordern
· RS: Heft Rechtschreibstrategien
· ÜH: Übungsheft
· KV: Kopiervorlagen

Lustige Sprüche gestalten

1 Was planen die Kinder? Beschreibt.

2 Welche coolen Sprüche fallen dir für die 4. Klasse ein? Schreibe sie auf.

3 Wie wird ein Button fertiggestellt? Schreibe eine Anleitung auf.
Du brauchst: Kleber, Stift, …
So geht es:
1. Schneide einen Papierkreis aus. 2. Beschrifte …

4 Stellt eigene Buttons nach der Anleitung her.

- spielerisch und im Austausch Textideen entwickeln
- eine Anleitung aufschreiben und umsetzen

· SAH Fö: Teil A, S. 4

· KV: 1

Arbeitsanweisungen verstehen

1 Welches Kind antwortet richtig auf Quiesels Arbeitsanweisung?

Warum ist genaues Lesen wichtig? Begründet!

Ich find Lesetexte schön.

Genaues Lesen ist wichtig, weil ich dann verstehe, was ich machen soll.

2 Welche Arbeitsanweisung passt zu welcher Sprechblase? Schreibe so:

1 Beschreibe die Katze. – Ich soll genau sagen, wie das Tier aussieht.

1 **Beschreibe** die Katze.
2 **Vergleiche** die beiden Texte.
3 **Formuliere** das Schreibziel für deinen Text.
4 **Berichte** von dem Ereignis.
5 **Vervollständige** die Sätze mit den passenden Verben.
6 **Lege** eine Sammlung mit deinen Gedichten an.
7 **Schlage** die Wörter im Wörterbuch **nach**.
8 **Tauscht** euch über eure Ergebnisse **aus**.

Ich soll die passenden Wörter in die Sätze schreiben.

Ich soll genau sagen, wie das Tier aussieht.

Ich soll sagen, für wen und warum ich meinen Text schreibe.

Ich soll meine Gedichte digital oder in einem Heft sammeln.

Ich soll mit anderen über mein Ergebnis sprechen.

Ich soll Gemeinsamkeiten und Unterschiede finden.

Ich soll bestimmte Wörter im Wörterbuch suchen.

Ich soll über ein Geschehen kurz und sachlich informieren.

Das große Wissens-Spiel

1 Schaut euch die Ereignis-Karten und den Spielplan an.
Wie geht das Spiel?

! Woran erkennst du ein Nomen?

Artikel, Großschreibung, Mehrzahl, Schiebemethode

! Spiele die Verben ohne Worte vor: essen, schlafen.

! Wie heißt ein Gedicht aus 11 Wörtern?

Elfchen

! Nenne 4 Nomen, bei denen Einzahl und Mehrzahl gleich sind.

z.B. Messer, Teller, Mädchen, Lehrer

Wer hat 21 Augen und kann doch nicht sehen?

ein Würfel

Welches Tier versteckt sich im Kaffee?

der Affe

Was sagt der große Stift zum kleinen Stift?

Wachs mal stift

Was passiert mit Anna, wenn sie ins Wasser springt?

Sie wird ANNA-NASS, Ananas

Ich bin dein Joker.

2 Schreibt weitere Ereignis-Karten.

3 Gestaltet Joker-Karten und mischt sie unter die anderen Ereignis-Karten.

4 Spielt das Wissens-Spiel.
Ihr könnt euch auch weitere Spielregeln ausdenken.

- Wortarten und Fachbegriffe wiederholen
- spielerische Rätselfragen lesen und (zuhörend) verstehen

- SAH Fö: Teil B, S. 4

- ÜH: S. 5
- KV: 3, 4

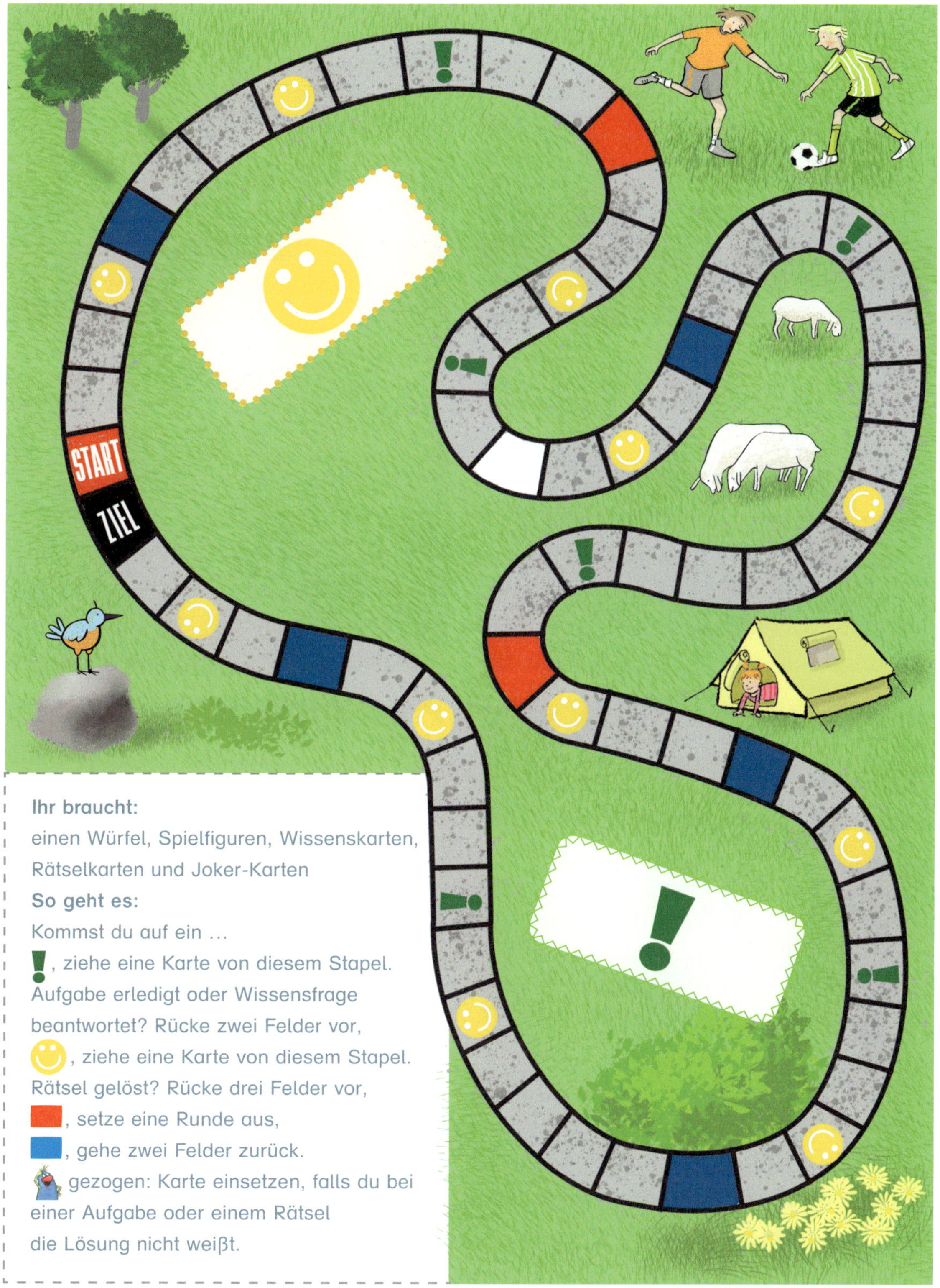

Ihr braucht:
einen Würfel, Spielfiguren, Wissenskarten, Rätselkarten und Joker-Karten

So geht es:
Kommst du auf ein …
!, ziehe eine Karte von diesem Stapel. Aufgabe erledigt oder Wissensfrage beantwortet? Rücke zwei Felder vor,
, ziehe eine Karte von diesem Stapel. Rätsel gelöst? Rücke drei Felder vor,
, setze eine Runde aus,
, gehe zwei Felder zurück.
gezogen: Karte einsetzen, falls du bei einer Aufgabe oder einem Rätsel die Lösung nicht weißt.

Wo wir leben

① 

② 

③ 

④ 

⑤ 

⑥ 

1 Was seht ihr auf den Bildern? Beschreibt.

2 In welchem der Häuser würdest du gerne wohnen? Tauscht euch aus.

Ich würde gerne in … wohnen, weil …

Besonders interessant finde ich …   Ich stelle mir vor, dass …

- Bilder genau beschreiben
- Gefühle und persönliche Interessen ausdrücken und erklären

- SAH Fö: Teil A, S. 6

- KV: 5

Anschaulich erzählen: Ein Tag im Traumhaus

1 Welchen Tag im Hunde-Traumhaus könnt ihr euch besser vorstellen? Begründet.

Mein Zimmer ist in der rechten Hälfte des Hauses. Nach dem Aufstehen frühstücken wir in unserer tollen Küche. Danach spiele ich mit meinen Freunden.

So stelle ich mir einen Tag in meinem Traumhaus vor: Mein Zimmer ist natürlich ganz oben in der Hundeschnauze. So kann ich morgens als erstes die tolle Aussicht genießen. Zum Frühstück geht es über eine Rutsche im Hundehals eine Etage tiefer ins Esszimmer. Auf der Terrasse …

2 Wie kann das Mädchen links anschaulicher erzählen? Sammelt Ideen.

Anschaulich erzählen bedeutet, so zu erzählen, dass andere es sich gut vorstellen können.

3 Verändert die Erzählung in der linken Sprechblase so, dass man sich einen Tag im Hunde-Traumhaus gut vorstellen kann.

Mein Zimmer ist …   Im Erdgeschoss …   In der Mitte meines Hauses…
Auf dem Dach …   Mein Lieblingsplatz ist …
Morgens nach dem Aufstehen …   Mittags bin ich am Liebsten …
Beim Abendessen …

4 Suche dir ein Traumhaus aus. Erzähle möglichst anschaulich über einen Tag in deinem Traumhaus.

- Sprechbeiträge begründet einschätzen
- Kriterien anschaulichen Erzählens kennen und anwenden

- SAH Fö: Teil A, S. 7

- KV: 6

Eine Textsorte zum Schreiben aussuchen

1 Welche Checkliste gehört zu welchem Text?

①
Mein Traumhaus

Ein Haus auf dem Wasser
Eine Brücke führt mich zur Tür
Die Wellen wiegen es sanft
Ein Haus auf dem Wasser
...

②
Traumdorf, 11.09.
Liebe Oma,

vielen Dank für deinen Brief. Der Postbote hat den Briefkasten in unserem neuen Traumhaus gefunden. Wir wohnen jetzt in den Bäumen. Jeden Morgen weckt uns das Vogelgezwitscher ...

③
Das geheimnisvolle Traumhaus

Gestern schlief ich zum ersten Mal in meinem Traumhaus ...

④
Traumhaus zu verkaufen

Ich verkaufe mein Traumhaus. Es sieht aus wie ein großer Stein.
Oben auf dem Stein sieht man ...

Checkliste: Schriftlich beschreiben / Beschreibung
- ✓ sinnvolle Reihenfolge
- ✓ genau beschreiben
- ✓ vollständig beschreiben
- ✓ passende Wörter (Fachwörter, Adjektive)
- ✓ Gegenwartsform verwenden

Checkliste: Eine Geschichte aufbauen
- ✓ passende Überschrift
- ✓ Einleitung: Wer? Wann? Wo?
- ✓ Hauptteil: Was passiert? Wie geht es weiter?
- ✓ Schluss: Wie endet die Geschichte?

Checkliste: Tipps für einen Brief
- ✓ Ort und Datum
- ✓ Anrede
- ✓ Abschiedsgruß
- ✓ Unterschrift

Checkliste: Rondell
- ✓ 8 Verse, die zum Thema passen
- ✓ Versreihenfolge

2 Welche Textsorten kennt ihr noch?

3 Entscheide dich für eine Textsorte und schreibe über dein Traumhaus.

- verschiedene Textsorten kennen
- interessegeleitet eine Textsorte wählen und funktionsgerecht schreiben

- SAH Fö: Teil A, S. 8
- 1

- ÜH: S. 6
- KV: 7

Texte präsentieren

1 Wie werden die Texte präsentiert? Erklärt.

Text in einer Gruppe vortragen

1. Klasse oder kleine Gruppe versammelt sich als Publikum
2. den Text vortragen
3. Publikum gibt Rückmeldungen nach dem Vortrag

Scheiben-Präsentation

1. Text aufschreiben und gestalten
2. Seiten an einer Scheibe mit Text nach innen befestigen
3. Texte können von allen gelesen werden

mit einer App ein Buch erstellen

1. zum Text passende Bilder herstellen
2. Bilder für das digitale Buch fotografieren und Texte ergänzen
3. digitales Buch am Tablet oder Handy lesen

2 Was sind Vorteile und Nachteile der Präsentationsformen? Tauscht euch aus.

3 Welche Möglichkeiten kennt ihr noch, einen Text zu präsentieren? Erklärt.

4 Wählt eine Präsentationsform aus und präsentiert eure Texte.

Verben kennen und verwenden

1 Wiederhole dein Wissen über Verben. Schreibe die Sätze auf.

Grundform · Zeitformen · Personalform · geschieht · Personalform · Wortart · Verben

Verben sind eine ___. ___ geben an, was jemand tut oder was ___.
Sie haben eine Grundform und eine ___. Das Verb **wohnen**
steht in der ___. Bei **ich wohne** steht das Verb in der ___.
Verben können in unterschiedlichen ___ stehen.

2 Schreibe den Text ab. Trage die passende Personalform der Verben ein.
Enno wohnt in unserer …

Enno (wohnen) in unserer Siedlung.
Man (können) sein Haus ganz einfach finden.
Es (ähneln) nämlich einem großen Hund.
An der Seite des Hunde-Hauses (sein)
eine große Treppe. Diese (führen) direkt
in die Hundeschnauze.
Viele Besucher (wollen) das Haus (besichtigen).
Ennos Vater (stören) das ein bisschen, weil er
an den Wochenenden keine Ruhe mehr (haben).

3 Schreibe die Verben in der Grundform und in allen Zeitformen auf:

Grundform (Infinitiv)	Präsens	Präteritum	Perfekt
bauen	*ich baue*	*ich baute*	*ich habe gebaut*

ich baue · wir bieten · du planst · sie schafft · wir sparen · er denkt
ihr schließt · sie empfehlen · er isst · sie hilft · wir schreiben · ihr befehlt

Aufforderungsformen kennen und verwenden

1 Lest den Text in den Sprechblasen. Was fällt euch auf?

Die **Aufforderungsform** (Imperativ) wird mit einem Verb gebildet.
Sie steht am Satzanfang. Am Satzende kann ein Ausrufezeichen stehen.
Aufforderung an **eine** Person: **Fahre** vorsichtig! **Nimm** Rücksicht!
Aufforderung an **mehrere** Personen: **Fahrt** vorsichtig! **Nehmt** Rücksicht!
Höflichkeitsform: **Fahren** Sie bitte vorsichtig. **Nehmen** Sie bitte Rücksicht.

2 Schreibe die Sätze mit der passenden Aufforderungsform auf.

___ mir dein Heft! bringen

___ dein Frühstück! essen

___ Sie abends die Tür. schließen

___ an eure Putzdienste! denken

3 Bilde Aufforderungssätze: Schreibe den Text in Schönschrift ab.

Text in Schönschrift abschreiben

an die Hausaufgaben denken

zu mir kommen

mir mal zuhören

freundlicher mit mir sprechen

nicht so schnell essen

- verschiedene Satzarten und Fachbegriffe kennen: Aufforderungsform (Imperativ)
- Satzstruktur erkennen und anwenden

- SAH Fö: Teil A, S. 12
- KV Fö/FO
- 3

- ÜH: S. 8
- KV: 9, 10

Dialekte vergleichen

1 Worüber sprechen die Kinder?
Warum verwenden sie verschiedene Wörter?

2 Sprecht die Sätze in den Sprechblasen nach. Was bedeuten sie?

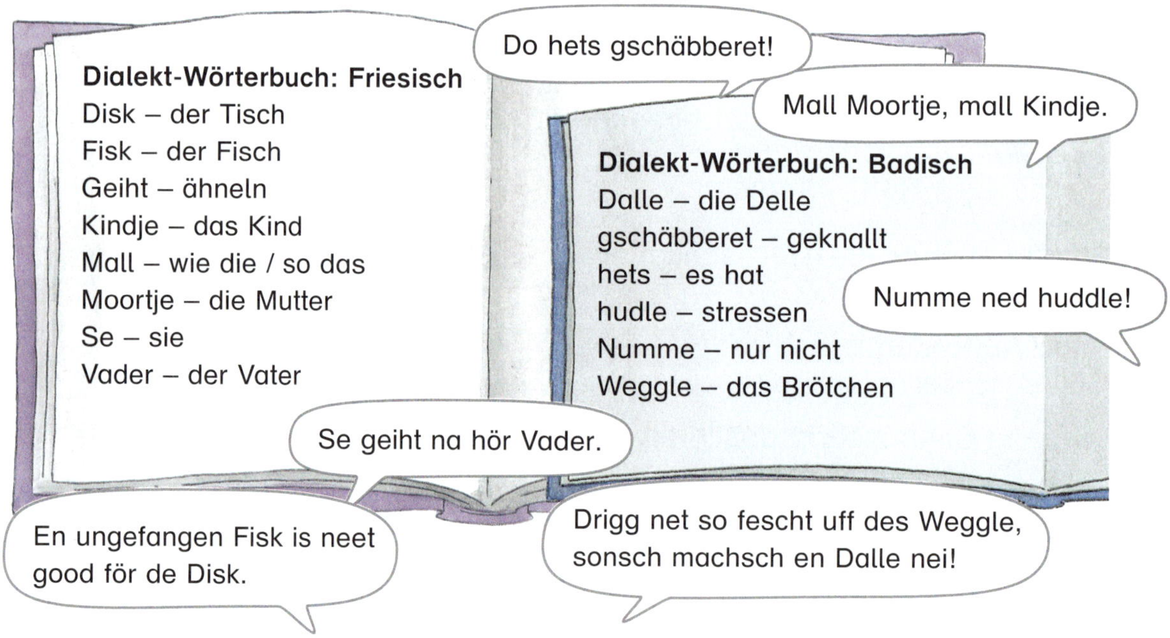

Dialekt-Wörterbuch: Friesisch
Disk – der Tisch
Fisk – der Fisch
Geiht – ähneln
Kindje – das Kind
Mall – wie die / so das
Moortje – die Mutter
Se – sie
Vader – der Vater

Dialekt-Wörterbuch: Badisch
Dalle – die Delle
gschäbberet – geknallt
hets – es hat
hudle – stressen
Numme – nur nicht
Weggle – das Brötchen

3 Welche Dialektwörter kennt ihr? Legt eine Sammlung an.

- Gemeinsamkeiten und Unterschiede von Sprachen untersuchen (Dialekte)
- Bedeutung einzelner Wörter beschreiben

- SAH Fö: Teil A, S. 13
- 4

- KV: 11

Mehrzahlbildungen von Nomen kennen

1 Beschreibt, wie sich die Nomen in der Mehrzahl verändern.

der Vogel – die Vögel

der Ball – die Bälle

der Fisch – die Fische

das Fenster – die Fenster

2 Ordne die Wortpaare den Mehrzahlbildungen zu.

a Mehrzahl mit Umlaut: der Bruder – die Brüder, ...

b Mehrzahl mit Umlaut und Anhang: der Turm – die Türme, ...

c Mehrzahl nur mit Anhang: das Tor – die Tore, ...

d Wort bleibt in Mehrzahl gleich: der Teller – die Teller, ...

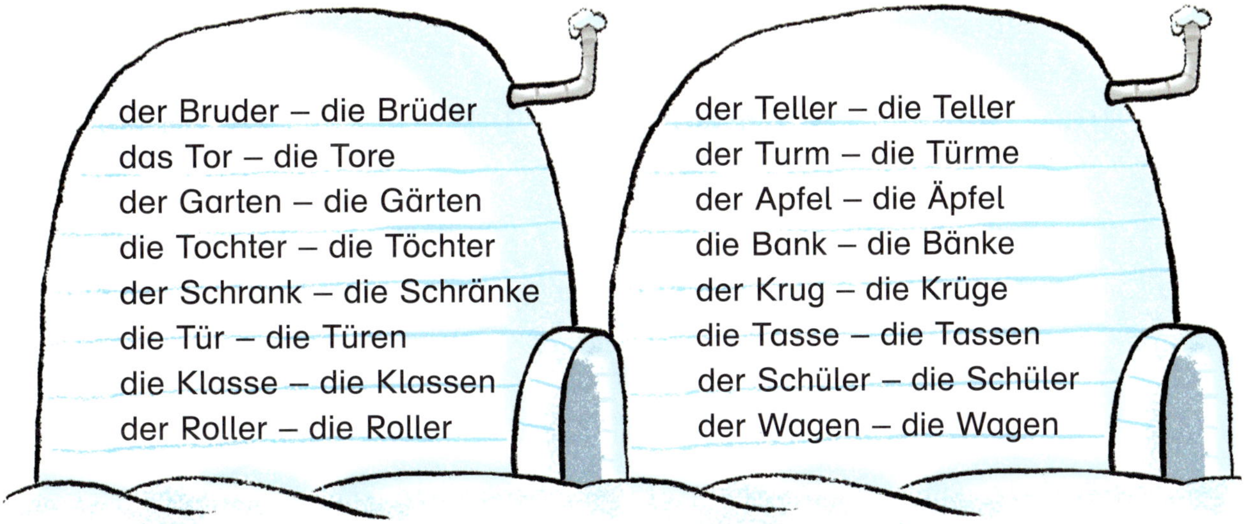

3 Finde weitere Wörter zu den Mehrzahlbildungen aus Aufgabe 2.

Wortbausteine bei Nomen: -nis, -schaft, -tum

1 Schaut euch die Nomen an. Wie könnt ihr sie ordnen?

die Wissenschaft das Gefängnis der Reichtum
das Ereignis der Irrtum die Botschaft

Wörter mit den Wortbausteinen **-nis, -schaft, -tum** sind Nomen.
Sie werden großgeschrieben: das Gefängnis, die Wirtschaft, der Reichtum.

2 Schreibe die Sätze verbessert auf. Markiere so:
Die Wohnung ist Mamas Eigentum.

Die Wohnung ist Mamas eigentum.
Vincent hat eine große erbschaft gemacht.
Wir haben die erlaubnis, ein Haustier zu halten.
Der Gartenteich ist Papas heiligtum.
Eine Straßenlaterne leuchtet in der finsternis.

3 Bilde Nomen mit den Wortbausteinen -nis, -schaft und -tum.
Schreibe sie auf.

Mann hindern reich herrschen geheim wachsen
wissen Ritter erleben bereit wild verwandt Freund

4 Finde selbst Nomen mit den Wortbausteinen -nis, -schaft, -tum.

5 An welchen Wortbausteinen kannst du Nomen noch erkennen?

· grammatisches Wissen für Großschreibung nutzen: Nomen mit den Wortbausteinen -nis, -schaft, -tum

· SAH Fö: Teil A, S. 15
· KV Fö/FO · RS: S. 21
· 7

· ÜH: S. 10
· KV: 13
·

Nomen erkennen und großschreiben N↑

1 Welche der Wörter sind Nomen? Schreibe sie mit einem Artikel auf.

bunt schule begleitung trinkst mut verständnis
ergebnis glück schlau eigentum schmal zeugnis

2 Mache die Nomenprobe mit Adjektiv. Verbessere so: eine neue Wohnung

Wir | haben | endlich | eine wohnung | gefunden |.
Da | haben | wir | glück | gehabt |. Dort | gibt es | eine terrasse |.
Meine mutter | hat | möbel | gekauft |. Ich | freue mich |
auf mein zimmer |. Wir | haben | viele nachbarn |.

3 Finde die Nomen in den Sätzen.
Überprüfe sie mit der Mehrzahlprobe. Schreibe so:
der Garten – die Gärten: Hast du schon den tollen Garten gesehen?

Hast du schon den tollen garten gesehen?
Gestern wurde ein altes haus abgerissen.
Wir haben hier eine neue wohnung gefunden.
Gestern hat unser neuer nachbar geklingelt.

Viele Nomen findest du mit der Mehrzahlprobe:
das Haus – die Häuser

4 Welche Aussagen über Nomen sind richtig? Schreibe sie mit Beispielen auf:
Nomen haben meistens einen Artikel. → das Haus, eine Tür, …

Nomen haben meistens einen Artikel.
Nomen können in der einfachen Vergangenheit stehen.
Vor einem Nomen kann ein Adjektiv stehen.
Nomen können eine Mehrzahl haben.
Nach einem Nomen steht immer ein Verb.

Mit der Profikarte+ Wörter üben

1

Mit der Profikarte+ kann ich eigene Fehlerwörter üben. Dazu trage ich die Wörter selbst fehlerlos in die Karte ein.

2

Mit der Profikarte+ kann ich auch andere wichtige Wörter üben. Ich trage sie auch zunächst selbst fehlerlos in die Karte ein.

3

Auch mit der Profikarte+ übe ich die Wörter dann regelmäßig.

1 Übe die Wörter mit der Profikarte+.

Etage Bewohnerin Stockwerk Fahrstuhl Balkon

· rechtschreibwichtige Wörter und individuelle Fehlerwörter normgerecht schreiben
· Übungsformen selbstständig nutzen

· SAH Fö: Teil A, S. 18

· KV: 164

Nomen mit -nis, -schaft, -tum

1 Übe die Übungswörter mit der Profikarte.

2 Schreibe fünf Sätze mit Übungswörtern.

3 Führt ein Rechtschreibgespräch zu dem Wort Erlebnis .

4 Schreibe den Text in deiner schönsten Schrift ab. Markiere die Übungswörter in deinem Text.

Nomen mit -nis, -schaft, -tum	
die	Bereit**schaft**
das	Eigen**tum**
das	Ereig**nis**
die	Erlaub**nis**
die	Freund**schaft**
das	Geheim**nis**
die	Gesell**schaft**
das	Hinder**nis**
der	Irr**tum**
die	Mann**schaft**
die	Verwandt**schaft**
das	Wachs**tum**

Wo wir wohnen
Meine Schwester Mara und ich wohnen seit einiger Zeit in einer verrückten Siedlung. Bei jedem einzelnen Haus hatten die Architekten andere Ideen. Sie hatten die Erlaubnis bekommen, ganz auffällige Wohnungen und Häuser zu bauen. Ein Ereignis war der Bau des Hundehauses. Es ist das Eigentum des Bürgermeisters. Viele Zeitungen haben schon über die Besonderheiten dieses Gebäudes berichtet. Alle Einwohner der Siedlung haben eine hohe Bereitschaft, sich gegenseitig zu helfen. Es entstehen so viele neue Freundschaften. Vielleicht ist dies das Geheimnis, warum alle hier gerne wohnen.

5 Schreibe Sätze mit diesen **kleinen Wörtern**.

hier jetzt vielleicht alle viele

6 Schreibe Sätze nach diesem Muster: Wenn … , dann …
Wenn die Sonne scheint, dann gehen wir in unseren Garten.

- Arbeitstechniken nutzen
- methodisch sinnvoll abschreiben
- Wörter des Grundwortschatzes

- SAH Fö: Teil A, S. 19, 20
- KV Fö/FO · RS: S. 3

- ÜH: S. 12
- KV: 15–17, 157–160

Aufforderungsformen kennen und verwenden

1 Wähle eine Aufgabe aus.

a Ordne die Verben den Aufforderungssätzen zu. Schreibe so:
fahren – Fahre vorsichtig!

fahren	gehen
laufen	essen
denken	lesen

Iss nicht so schnell! Denkt nochmal nach!
Lies nicht so lange. Fahre vorsichtig!
Laufen Sie bitte auf einer Seite!
Geht langsam!

b Bilde die passenden Aufforderungssätze.
Schreibe so: Schickt bitte den Brief heute noch ab!

(schicken) bitte den Brief noch heute ab!

(rufen) mich bitte später zurück!

(machen) deine Hausaufgaben ordentlich!

(räumen) bitte heute noch dein Zimmer auf!

(wundern) dich nicht!

(rühren) bitte deinen Kakao um!

c Bilde mit diesen Verben Aufforderungssätze an eine Person.
Was haben die Aufforderungsformen gemeinsam?
Markiere in deinen Beispielsätzen.

geben – treten – nehmen – helfen – essen – brechen – vergessen

Schreibe auf: Ich bin fit! 🙂 Ich trainiere weiter. 😐

- Steigerungsformen, Grundstufe und Vergleichsstufen bei Adjektiven
- eigenen Lernerfolg reflektieren

- SAH Fö: Teil A, S. 22

Nomen mit -nis, -schaft, -tum, -ung, -heit, -keit

1 Wähle eine Aufgabe aus.

a Finde die Nomen und schreibe sie auf.

KLEIN HALTUNG SCHREIBT WANDERSCHAFT EILT
ANWEISUNG GERITTEN VERHÄLTNIS GÜNSTIG HEITERKEIT
BLASS DACHTE BRAUCHTUM ERGEBNIS ERKÄLTUNG

b Finde zu jedem Wortbaustein drei Nomen.
Schreibe mit jedem dieser Nomen einen Satz.

-nis -schaft -tum -ung -heit -keit

c Schreibe die Sätze richtig auf.
Ergänze sinnvolle Nomen.

Elias hat eine neue ___ung gemacht.

Die Fingerabdrücke wurden ihm zum ___nis.

Die ___ung des Rades ist eine wichtige ___schaft der Menschheit.

Bei der ___schaft belegten sie den ersten Platz.

Seine Kunden schätzen seine ___keit, wenn sie den Laden betreten.

Auf ihre ___ung hin werde ich das so machen.

Schreibe auf: Ich bin fit! Ich trainiere weiter.

Heldenhafte Superkräfte

1 Welche Fähigkeiten wünschen sich die Kinder als Superheldin oder Superheld? Erzählt.

2 Welche Fähigkeiten würdest du dir als Superheldin oder Superheld wünschen? Wie würdest du heißen? Tauscht euch aus.

3 Gestalte ein Plakat mit dir als Superheld oder Superheldin. Stelle dich vor.

- Beobachtungen wiedergeben
- eigene Interessen und Gefühle beschreiben, austauschen und präsentieren

· SAH Fö: Teil A, S. 24

Jemanden interviewen

1 Was ist an dem Interview schon gut gelungen? Was sollte noch verbessert werden? Tauscht euch aus.

Welche besonderen Fähigkeiten hast du?

Seit wann bist du eine Superheldin? Bist du gerne eine Superheldin?

Guten Morgen Magic Mia. Warum heißt du so?

Wozu brauchst du die Fähigkeit, Menschen zu vervielfältigen?

Ich bin unsterblich und kann Menschen vervielfältigen!

Ja. ... und wie war die andere Frage nochmal?

Ich heiße so, weil meine Fähigkeiten einfach magisch sind.

Dann müssen meine Freunde und ich nicht jeden Tag selbst zur Schule gehen.

So führe ich ein Interview

1. Ich notiere mir vorher Fragen in einer sinnvollen Reihenfolge.
2. Zuerst begrüße ich die Person, die ich interviewen möchte.
3. Ich stelle immer nur einzelne Fragen.
4. Ich notiere mir die Antworten oder nehme das Interview auf.
5. Ich bedanke mich für das Interview.

2 Was könnte Tim die Superheldin Magic Mia noch fragen? Sammelt Fragen, mit denen man möglichst viele Informationen bekommen kann.

3 Interviewt euch gegenseitig als Superheldin oder Superheld.

Figuren in Texten sprechen lassen

1 Warum verwendet man in Geschichten wörtliche Rede? Tauscht euch aus.

2 Lest Idas Texte. Was hat Ida an ihrem Text verändert?

Vierbeiner in Not
Neulich rief mich mein Freund Max an. Er weiß, dass ich mit Tieren reden kann. In der Nachbarwohnung winselte seit zwei Tagen ein Hund kläglich.
„Ich komme vorbei und höre mal, was da los ist." „Danke, dieses Winseln ist wirklich furchtbar."
„Hi, hier bin ich."
Nun hörte ich auch dieses klägliche Geräusch. „Was ist denn nur los?"
„Ich habe schrecklichen Liebeskummer." …

Überarbeitung

Vierbeiner in Not
Neulich rief mich mein Freund Max an.
Er weiß, dass ich mit Tieren reden kann. In der Nachbarwohnung winselte seit zwei Tagen ein Hund kläglich.
Sofort bot ich Max an: „Ich komme vorbei und höre mal, was da los ist."
Max antwortete erleichtert: „Danke, dieses Winseln ist wirklich furchtbar."
Kurz darauf saß ich in Max Wohnung und hörte nun auch dieses klägliche Geräusch durch die Wand.
Also fragte ich den Hund in Hundesprache: „Was ist denn nur los?"
Da erwiderte der Vierbeiner jammernd: „Ich habe schrecklichen Liebeskummer." …

3 Warum hat Ida den Text überarbeitet? Überlegt gemeinsam.

- Wirkung sprachlicher Mittel reflektieren
- wörtliche Rede mit Begleitsatz korrekt in Texten verwenden

- SAH Fö: Teil A, S. 26
- KV Fö/FO
- 11

- KV: 19

Redebegleitsätze nutzen

1 Lies die Fortsetzung der Geschichte von Seite 24. Was fehlt an einigen Stellen?

... Der Hund erzählte mir, dass sein Herrchen
schon seit Tagen nicht mehr mit ihm bei seiner Lieblingshündin Rosi
vorbeispazieren würde. Grinsend übersetzte ich alles für Max.
Und dann überlegten wir, wie wir dem Tier helfen könnten.
Wir gingen zu Herrn Kraft.
„Meine Freundin kann mit Tieren reden.
Ihr Hund hat schrecklichen Liebeskummer,
weil sie nicht mehr mit ihm
bei seiner Lieblingshündin vorbeispazieren."
„Ich habe mich schon gewundert, was mit Fritzi los ist."
Und dann fragte Herr Kraft: „Wo wohnt denn diese Hündin?"
„Sie wohnt direkt neben dem Spielplatz mit der Seilbahn."
Herr Kraft bedankte sich herzlich bei mir.
Dann schnappte er sich sofort die Hundeleine
und brachte Fritzi zu seiner Rosi.
Und Fritzi und Rosi waren überglücklich,
sich wiederzusehen.

2 Schreibe den Text mit passenden Redebegleitsätzen auf.

Ich informierte Herrn Kraft: ... Max erklärte ihm: ... Herr Kraft antwortete: ...

3 Plane und schreibe selbst eine Superheldengeschichte.

Verwende die wörtliche Rede aber .auch nicht zu oft.

Checkliste: Eine Geschichte schreiben
- ✓ passende Überschrift
- ✓ Einleitung: Wer? Wann? Wo?
- ✓ Hauptteil: Was passiert? Wie geht es weiter?
- ✓ Schluss: Wie endet die Geschichte?
- ✓ wörtliche Rede mit passenden Redebegleitsätzen verwenden

Eine Schreibkonferenz durchführen

1 Die Kinder führen eine Schreibkonferenz durch.
Wie machen sie das? Beschreibt.

X1
Der Spaziergang

Letztes Wochenende ging ich mit meinen Eltern
spatzieren. Auf einmal hören wir sehr aufgeregte R T
X2
Kinderstimmen in einem. Irgendetwas Schlimmes
musste passiert sein. Da fragte ein Mädchen ein
anderes: Wie sollen wir Fine da nur wider Z R
X3
runterkriegen?“ „Ich habe absolut keine Ahnung.
Wir haben keine so lange Leiter.“
Meine Eltern und ich gingen durch das Torbogen in SF
den Hinterhof. Nun sahen wir eine Katze ganz oben
im Baum. Sie miaute jämmerlich.
Keine Ahnung, wie sie da hingekommen war.

Verbesserungstipps:
X1: Versuche, eine spannendere Überschrift zu finden.
X2: Woher kommen die Stimmen?

Korrekturzeichen
R = Rechtschreibfehler
SF = Sprachfehler
T = Zeitfehler
Z = Zeichenfehler
X = anderer Fehler

2 Was bedeuten die Buchstaben am Rand der Zeilen?
Wie müssen die Fehler verbessert werden?

3 Schreibe einen Verbesserungstipp für X3.

4 Schreibe den Text verbessert auf.
Achte auf die Tipps und die Korrekturzeichen.

· Texte orthografisch und sprachlich prüfen, korrigieren und überarbeiten
· Fachbegriffe und Korrekturzeichen kennen

· SAH Fö: Teil A, S. 28
· KV Fö/FO

· ÜH: S. 16, 17
· KV: 22, 23, 161

Eine Schreibkonferenz durchführen

1 Lies die Fortsetzung der Geschichte.

Jedenfalls miaute die Katze herzzerreißend.

Das muste Fine sein. X4

Im Hof stand auch ein Mülleimer.

Mein Vater meint: „Hier kann uns leider auch nicht

den Feuerwehr mit der Drehleiter helfen.“

X5 „Die brauchen wir auch nicht.“

Und schwups aktivierte ich meine neue superkraft

und vergrößerte mich, bis ich so groß wie der Baum war.

2 Welche Korrekturzeichen passen zu den unterschlängelten Wörtern? Tauscht euch aus.

3 Einige Stellen wurden mit X markiert.
Schreibe dazu Verbesserungstipps auf: X4 ...

4 Schreibe die Fortsetzung verbessert auf.
Achte auf die Tipps und die Korrekturzeichen.

5 Führt Schreibkonferenzen zu euren Superheldengeschichten durch.

So können wir eine Schreibkonferenz durchführen
1. Wir lesen unsere Texte vor.
2. Wir geben uns Rückmeldungen.
3. Wir tragen Verbesserungstipps und Korrekturzeichen ein.
4. Wir überarbeiten unsere Texte.

Vorangestellte und nachgestellte Begleitsätze

1 Erklärt, wie man die wörtliche Rede in einem Text aufschreibt.
Verwendet diese Begriffe: wörtliche Rede , Begleitsatz , Doppelpunkt , Anführungszeichen .

Jakob fragt Luis: „Welche Superkraft hättest du gerne?“
Luis antwortet: „Ich würde gerne in die Zukunft sehen können.“
Jakob ruft: „Tolle Idee!“

2 Lest das Gespräch. Vergleicht es mit dem Gespräch in Aufgabe 1.
Was fällt euch auf?

„Welche Superkraft hättest du gerne?“, fragt Jakob Luis.
„Ich würde gerne in die Zukunft sehen können“, antwortet Luis.
„Tolle Idee!“, ruft Jakob.

Mache die Sprechblasenprobe.
Was in einer Sprechblase stehen kann, ist die wörtliche Rede.

3 Schreibe den Text ab.
Unterstreiche die Begleitsätze und die wörtliche Rede.

„Welche Superkräfte wünscht ihr euch?“, fragt Frau Koch die Klasse 4a.
„Ich wünsche mir, dass ich Menschen ganz friedlich machen kann“, meint Anton. „Das ist ja eine tolle Superkraft!“, lobt Lale.
„Dann würde es gar keinen Streit mehr in der Pause geben“, ergänzt Tim. „Und welche Wünsche gibt es noch?“, will Frau Koch wissen.

Satzzeichen bei nachgestelltem Begleitsatz

1 Wie werden die Satzzeichen bei nachgestellten Begleitsätzen gesetzt? Beschreibt.

„Tim, du kannst doch Gedanken lesen?", fragt Pino.
„Ja, meine Superkraft ist noch da", erwidert Tim.
„Super, du bist meine Rettung!", freut sich Pino.

Der Redebegleitsatz kann auch hinter der wörtlichen Rede stehen.
Wenn der Begleitsatz hinter der wörtlichen Rede steht,
werden die Satzzeichen so gesetzt:

„	Du machst dich unsichtbar		"	,	sagt Merve	.
„	Kannst du dich unsichtbar machen	?	"	,	fragt Merve	.
„	Toll, jetzt bist du unsichtbar	!	"	,	ruft Merve	.

2 Schreibe das Gespräch aus Aufgabe 1 ab. Markiere die Anführungszeichen: „Tim, du kannst doch Gedanken lesen?", fragt Pino.

3 In diesem Gespräch fehlen fast alle Satzzeichen. Schreibe das Gespräch ab und ergänze alle Satzzeichen.

Du musst herausfinden, was in der Mathearbeit drankommt fleht Pino.
Wie soll ich das machen fragt Tim neugierig.
Du könntest Herrn Zimmers Gedanken ausspionieren antwortet Pino.
Das ist jetzt nicht dein Ernst ruft Tim.

4 Schreibe das Gespräch weiter.
Denke an die Begleitsätze und die Satzzeichen.

Wörter mit dem Wortstamm END

3 Welcher Wortbaustein kommt in allen Wörtern vor?
An welches Wort erinnert euch dieser Wortbaustein?

Endspiel   Endstation   unendlich   Endspurt

Wörter mit dem Wortbaustein END
haben etwas mit **Ende** zu tun.

2 Schreibe die Wörter aus Aufgabe 1 ab.
Markiere den Wortbaustein END.

3 Ordne die Wörter
ihrer Erklärung zu.
Markiere den gemeinsamen Wortbaustein:
Endspiel – das letzte Spiel im Turnier

Endspiel	die letzte Station des Zuges
Endstation	wenn etwas nie zu Ende ist
unendlich	der letzte Teil eines Wettrennens
Endspurt	das letzte Spiel in einem Turnier

4 Finde weitere Wörter mit dem Wortbaustein END.
Schreibe sie auf und markiere den Wortbaustein.

5 Warum werden diese Wörter nicht mit dem Wortbaustein END
geschrieben? Tauscht euch aus.

entdecken   Entfernung   entscheiden   Entschuldigung

Komma bei Aufzählungen

1 Vergleicht die Sätze. Was fällt euch auf?

Superhirn und Schnelldenker und Gedankenleser und Unsichtbarius und Tierversteher sind Superheldennamen.

Superhirn, Schnelldenker, Gedankenleser, Unsichtbarius und Tierversteher sind Superheldennamen.

Zwischen Wörtern, mit denen man etwas aufzählt, setzt man Kommas:
Zum Superheldenfest lädt Lola zwei Freundinnen, drei Freunde, ihren Bruder und Quiesel ein.
Der Superheld kann gut schwimmen, tauchen, fliegen und klettern.
Die große, starke, mutige und sportliche Superheldin fliegt davon.
Das Komma kann durch ein **und** ersetzt werden.

2 Schreibe zu diesen Satzanfängen selbst Aufzählungen.
Ich esse gerne …   Ich kann gut …   Der Superheld ist …

3 Schreibe die Sätze ab. Setze die fehlenden Kommas.

Zu Leos Superheldengeburtstag kommen Alma Niki Rahel Ilkay und Ali. Die Kinder schenken ihm ein Laserschwert ein Superheldenbuch ein Puzzle ein Spiel und Zauberstifte. Auf der Party wird gegessen getrunken gespielt gebastelt und getanzt.
Leos Eltern seine Tante Oma und Opa führen eine lustige spannende und abwechslungsreiche Superheldenshow auf.

4 Denke dir selbst Sätze mit Aufzählungen aus.

Texte mit Korrekturzeichen überarbeiten

1

Gestern war ich in die Superheldenschule	SF Z
Die rektorin begrüßte alle neuen Kinder in der aula.	R R
Dabei ging sie nicht zu Fuß zu Rednerpult, sondern	SF
kommt geflogen. Und sie konnte noch viel mer...	T R

R = Rechtschreibfehler
SF = Sprachfehler
T = Zeitfehler
Z = Zeichenfehler
X = anderer Fehler

Wir besprechen den Text. Wir markieren Fehler und schreiben Korrekturzeichen an den Rand.

2

Ich schaue mir alle markierten Stellen an. Ich überlege, wie ich die Fehler verbessern muss.

3

Ich verbessere den Text Satz für Satz.

1 Schreibe auf, was zusammengehört: R = Rechtschreibfehler – ~~auto~~ – Auto

SF Zeitfehler T Rechtschreibfehler Sprachfehler Zeichenfehler R Z

Sie fährt mit dem auto. Er fährt mit Auto. Gestern rennt er. Zu meiner Party kommen Speedy Susi Clever Claudius und Mighty Merve.

- Texte orthografisch und sprachlich prüfen, korrigieren und überarbeiten
- Fachbegriffe und Korrekturzeichen kennen

- SAH Fö: Teil A, S. 36
- KV Fö/FO

- KV: 22, 161

Wörter mit dem Wortstamm END

1 Übe die Übungswörter mit der Profikarte.

2 Schreibt je fünf Sätze mit Übungswörtern.
Korrigiert eure Sätze gegenseitig.
Verwendet Korrekturzeichen.

3 Führt ein Rechtschreibgespräch zu dem Wort endgültig.

4 Schreibe den Text in deiner schönsten Schrift ab.
Markiere die Übungswörter in deinem Text.

Wörter mit dem Wortstamm END
beenden
das Ende
das Endergebnis
der Endlauf
endlich
endlos
die Endnote
der Endpunkt
das Endspiel
die Endstation
die Endung
unendlich

Der Wettkampf

Unendlich lange hat Fantastic Fabian auf den Wettkampf der Superheldinnen und Superhelden gewartet. Heute kann er allen seine Superheldenkräfte zeigen. Bestimmt kann niemand sonst Metalle mit bloßen Blicken verbiegen. Vor der Wettkampfhalle wartet schon eine endlos lange Schlange. Wären doch nur endlich seine Eltern da. Mit ihrer Unterstützung im Zuschauerraum bekommt er bestimmt eine gute Endnote von der Jury.

Nach endlos langen Minuten sieht er sie in der Menge. Nun kann der Wettkampf beginnen. Die ersten Runden schafft Fabian mühelos. Doch, oh Schreck, in der Endrunde wartet Power Pia auf ihn!

5 Schreibe Sätze mit diesen **kleinen Wörtern**.

können sonst mit dort von

Zeichensetzung bei wörtlicher Rede

1 Wähle eine Aufgabe aus.

a Schreibe die Sätze ab.
Unterstreiche die Redebegleitsätze und die wörtliche Rede.

Katze Kiki fragt Katze Fine: „Wer hat dich eigentlich neulich vom Baum gerettet?“

„Das war so ein kleines Mädchen“, erzählt Katze Fine.

Katze Kiki ruft: „So ein Unsinn! Wie soll ein kleines Mädchen da hochkommen?“

„Sie hatte magische Kräfte und konnte sich vergrößern“, erklärt Katze Fine.

b Schreibe das Gespräch mit nachgestellten Begleitsätzen auf.

c Schreibe ein Gespräch zwischen einer Superheldin und einem Superhelden auf. Benutze vorangestellte und nachgestellte Begleitsätze.

Schreibe auf: Ich bin fit! 🙂 Ich trainiere weiter. 😐

- Zeichensetzung bei wörtlicher Rede
- eigenen Lernerfolg reflektieren

- SAH Fö: Teil A, S. 39

- ÜH: S. 23, 25

Kommas bei Aufzählungen

1 Wähle eine Aufgabe aus.

a Schreibe die Sätze ab.
Ersetze die markierten Wörter durch Kommas.

Superhelden haben oft besondere Kräfte und Fähigkeiten und Begabungen und Ideen.

Nele trifft sich heute mit Sina und Meltem und Klara und anderen Freundinnen im Superheldinnenclub.

Sina Superheldin kann fliegen und sich verkleinern und die Zukunft voraussehen und blitzschnell denken.

b Schreibe die Sätze ab. Ergänze die Kommas bei den Aufzählungen.

Für mein Superheldenkostüm brauche ich eine Maske einen Umhang einen Gürtel und Stiefel.

Bei unserem Superheldenprojekt haben wir Geschichten geschrieben Kostüme entworfen und Fotos gemacht.

Die schlaue schnelle ideenreiche und großartige Superheldin hat schon viel erlebt.

c Schreibe Sätze mit Aufzählungen. Du kannst die Satzanfänge benutzen oder dir eigene ausdenken.

Mit meiner Superheldenbrille kann ich …

Superheld Sebastian ist …

In der Superheldenschule lernt man …

Schreibe auf: Ich bin fit! 🙂 Ich trainiere weiter. 😐

1 Was entdeckt ihr auf dem Bild? Beschreibt.

2 Erklärt das Wort programmieren.

3 Wie üben die Kinder das Programmieren?

4 Wo findet ihr programmierte Geräte in eurem Alltag? Tauscht euch aus.

- funktionsangemessen sprechen: genau beschreiben, erklären
- persönliche Erfahrungen einbringen

- SAH Fö: Teil A, S. 42
- KV Fö/FO

- KV: 32, 33

Zielführend sprechen

1 Erklärt, wie das Spiel **Roboter und Programmierer** funktioniert.

2 Wie muss die Programmiererin in dem Spiel sprechen, damit der Roboter die Anweisungen ausführen kann? Tauscht euch aus.
Die Programmiererin muss darauf achten, dass …
Die Anweisungen müssen …

3 Spielt das Spiel **Roboter und Programmierer**.
Plant Wege für den Roboter.
Ihr könnt für die Befehle auch Symbole nutzen.

Einen Algorithmus kennenlernen

1 Ordnet die Bilder in einer passenden Reihenfolge.
Begründet eure Entscheidung.

Milch eingießen

2 Vergleicht die beiden Texte zur Aufgabe Milch eingießen .
Wie unterscheiden sie sich?

Aufgabe: Milch eingießen

Anweisungen für einen Menschen:
- Gieße ein Glas Milch ein.

Algorithmus für eine Maschine:
- Öffne die Schranktür.
- Nimm ein Glas.
- Öffne die Kühlschranktür.
- Nimm die Milchflasche.
- Öffne die Milchflasche.
- Gieße 150ml Milch in das Glas.

Algorithmen sind Schritt-für-Schritt-Anweisungen für Maschinen zur Lösung von Aufgaben oder Problemen. Es gibt auch Algorithmen, die dafür sorgen, dass Computer oder Maschinen Dinge für uns erledigen.

3 Warum muss die Anweisung für eine Maschine so ausführlich sein?

- algorithmische Muster und Strukturen erkennen, nachvollziehen und reflektieren
- Problemlösen, Modellieren

- SAH Fö: Teil A, S. 44
- KV Fö/FO
- 20

- ÜH: S.26
- KV: 35

Einen Algorithmus schreiben und überarbeiten

1 Lea hat einen Algorithmus
zur Aufgabe **Stifte anspitzen** geschrieben.
Führt ihren Algorithmus Schritt für Schritt durch. Was fällt euch auf?

- Öffne das Stiftemäppchen.
- Nimm einen Anspitzer in die andere Hand.
- Stecke den Stift in das Loch des Anspitzers.
- Nimm einen Stift in die Hand.
- Drehe den Stift und den Anspitzer in entgegengesetzte Richtungen.
- Ziehe den Stift heraus.
- Nun wäre es ganz nett, wenn du überprüfen würdest, ob die Mine spitz ist.
- Lege den Stift wieder in das Stiftemäppchen.
- Nimm einen neuen Stift.

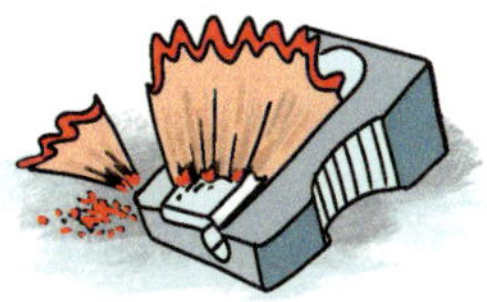

Checkliste: Einen Algorithmus schreiben
- ✓ Meine Anweisungen lösen eine Aufgabe.
- ✓ Ich schreibe die Anweisungen genau und Schritt für Schritt.
- ✓ Ich beachte die Reihenfolge.
- ✓ Ich verwende die Aufforderungsform (Imperativ).

2 Überprüft den Algorithmus
mit der Checkliste.
Was muss überarbeitet werden?

3 Schreibe den Algorithmus verbessert auf.

4 Denke dir selbst eine Aufgabe aus.
Schreibe einen Algorithmus für diese Aufgabe.

Ein Projekt planen und durchführen: Einen Film über unsere Schule drehen

1 Schaut euch die Bilder und Texte an. Beschreibt die einzelnen Schritte.

Schritt 1: Wir klären unser Ziel.

a: Für wen drehen wir den Film?
b: Was wollen wir damit erreichen?
c: Was soll in dem Film vorkommen?

a: für alle, die sich für unsere Schule interessieren
b: Wir wollen zeigen, wie wir uns auf den Weg zur klimaneutralen Schule machen.
c: Schulessen, Walking Bus, Klima-AG

Schritt 2: Wir bereiten den Dreh vor.

- Checkliste **für jede Szene** ausfüllen und prüfen, ob wir unsere Ideen umsetzen können
- die Szenen an Kleingruppen verteilen

Szene 1 Schulessen – Checkliste: MOSE

Menschen: Chefköchin	• Alle sind einverstanden, dass sie gefilmt werden
Ort: Mensa	• Wir dürfen dort filmen. Man kann dort filmen (Helligkeit, Raumgröße)
Sachen: Schulessen	• Alle Sachen sind vorhanden.
Ereignis: Veggie-Tag	• Datum, Zeitpunkt und Dauer stehen fest.

Schritt 3: Wir erstellen das Drehbuch mit der 5-Shot-Technik.

Jede Kameraeinstellung in einem Foto festhalten:

1. **Was?**: Zeige und sage, worum es geht!
2. **Wer?**: Zeige die Personen!
3. **Wo?**: Zeige den Ort!
4. **Wie?**: Zeige eine typische Situation!
5. **Wow!**: Zeige etwas Besonderes!

Zu jedem Kamerabild einen Sprechtext schreiben:
- verständlich und ansprechend
- möglichst kurz

Drehbuch für Szene 1: Schulessen

Kamera-einstellung:	Sprechtext
Was?	Wir wollen klimaneutrale Schule werden. Deswegen findet zum Beispiel jeden Donnerstag ein Veggie-Day statt.
Wer?	Chefköchin der Mensa
Wo?	
Wie?	
Wow!	

· Bedienen, Anwenden, Informieren, Recherchieren, Kommunizieren, Kooperieren, Analysieren, Produzieren, Präsentieren

· SAH Fö: Teil A, S. 46

· KV: 37, 38, 39

Schritt 4: **Wir verteilen die Aufgaben und legen das Material bereit.**

- Aufgaben verteilen (Kamera, Mikrofon, Regie, Sprecher/in)
- Kamera und Mikrofon testen und bereitlegen
- Drehbuch bereitlegen und Sprechtext üben

Schritt 5: **Wir drehen die einzelnen Szenen.**

- Hintergrundgeräusche vermeiden
- nach jeder Kameraeinstellung (5-Shot-Technik) Aufnahme kurz stoppen

Schritt 6: **Wir bearbeiten und veröffentlichen unseren Film.**

- Videoprogramm nutzen
- Film veröffentlichen (z. B. auf der Homepage der Schule)

2 Dreht selbst einen Imagefilm für eure Schule.

So können wir einen Film über unsere Schule **drehen**:

1. Wir klären unser Ziel.
2. Wir bereiten den Dreh vor. (MOSE!)
3. Wir erstellen das Drehbuch mit der 5-Shot-Technik.
4. Wir verteilen die Aufgaben und legen das Material bereit.
5. Wir drehen die einzelnen Szenen.
6. Wir bearbeiten und veröffentlichen unseren Film.

Wortfelder kennen und nutzen

1 Wie kann man es genauer oder abwechslungsreicher sagen?
Schreibe den Text verbessert auf.
Verwende passende Verben aus dem Wortfeld machen.

Zu einem **Wortfeld** gehören Wörter mit einer ähnlichen Bedeutung.

bearbeiten durchführen erledigen bereiten ausführen organisieren

Beim Projekttag **Programmieren lernen**
machen Tom und ich zuerst die Aufgaben an Station 1.
Als programmierter Roboter muss Tom meine Anweisungen machen.
Er macht das ohne Probleme.
Timo und Erdem macht es großen Spaß, Quiesel zu programmieren!

2 Ordne die Adjektive den beiden Wortfeldern schön und nett zu.

bezaubernd lieb schick prächtig gut aussehend freundlich
sympathisch herzlich hübsch höflich attraktiv hilfsbereit

3 Wie kann man es genauer sagen?
Schreibe die Sätze mit passenden Adjektiven auf.

Julian hilft mir. Er ist sehr nett.
Tina sieht in ihrem neuen Kleid nett aus.
Zu älteren Menschen sollte man nett sein.
Die Rosen blühen besonders nett.

4 Was wisst ihr jetzt über Wortfelder?
Mit Wörtern aus einem Wortfeld kann ich … Ich weiß jetzt, dass …
Wortfelder helfen … Zu Wortfeldern gehören …

Pronomen kennen und verwenden

1 Was erfahrt ihr durch die markierten Pronomen?

Das ist unser Roboter. Wir haben ihn aus meinem Computer und deinem Staubsauger gebaut. Er kann sogar seine Augen bewegen.

Es gibt Pronomen, die sagen, wem etwas gehört:
mein, dein, sein, ihr, unser, euer, ihr …
Man nennt sie **besitzanzeigende Pronomen**.

2 Schreibe die Sätze ab. Ergänze die passenden Pronomen:

Ich habe einen Roboter.	Das ist mein Roboter.
Du hast ein Tablet.	Das ist ▬ Tablet.
Er hat eine Kamera.	Das ist ▬ Kamera.
Sie hat einen Stift.	Das ist ▬ Stift.
Wir haben eine Zeitschrift.	Das ist ▬ Zeitschrift.
Ihr habt einen Comic.	Das ist ▬ Comic.
Sie haben ein Buch.	Das ist ▬ Buch.

3 Schreibe die Sätze ab. Setze passende Pronomen ein.

Ich habe ▬ Handy verloren.
Maia hat ▬ eigenen Quiesel programmiert.
Wenn du nicht lernst, werden ▬ Noten nicht besser.
Der Mähroboter fährt automatisch an ▬ Ladestation.

4 Welcher Satz ist richtig? Findet eine Erklärung.

Das Kind sucht ihren Schlüssel.

Das Kind sucht seinen Schlüssel.

Nomen und Adjektive verlängern

1 Schreibe den Text ab.
Ergänze die passenden Wörter und finde jeweils ein eigenes Beispiel.

hören   Verlängern   Vergleichsstufe   Nomen   Zusammengesetzte

Diese Rechtschreibstrategie heißt ___.
Durch das Verlängern der Wörter kann man
die schwierige Stelle besser ___.
___ verlängere ich meist, indem ich die Mehrzahl bilde. Beispiel: ___
___ Wörter muss ich vor dem Verlängern zerlegen. Beispiel: ___
Viele Adjektive kann ich verlängern,
indem ich die erste ___ bilde. Beispiel: ___

2 Verlängere die Wörter. Schreibe sie geordnet auf:
Nomen: die Stäbe – der Stab, …
zusammengesetzte Wörter: Brote – Brotkruste, … **Adjektive:** fremder – fremd, …

frem(d/t)   der Sta(b/p)   die Bro(t/d)kruste   die Schul(d/t)   der Wal(t/d)weg
kran(k/g)   der Wan(t/d)schrank   das Nes(d/t)   der Die(b/p)   tau(p/b)
die San(t/d)burg   die Wel(d/t)   klu(k/g)   der Trei(b/p)stoff

3 Verlängere die Wörter im Kopf und schreibe den Text richtig ab.

Der Bil___schirm meines Computers ist schon sehr al___.
Das Gehäuse ist etwas gel___lich.
In einem Mona___ habe ich Geburtsta___.
Ich hoffe, dass ich ein neues Gerä___ bekomme,
wenn ich in den nächsten Tagen besonders lie___ bin
und jeden Ta___ mit dem Hun___ in den Wal___ gehe.

Verben verlängern

1 Erklärt, welche Strategie helfen kann, die markierten Wörter zu verbessern.

> Nach der Programmierung ist der kleine Roboter fast wie ein echter Mensch! Er schreipt, er sprinkt, er singt, er piebt und er trinkt sogar! Kurzzeitig dachte ich auch, dass er etwas gesakt hat. Ich glaube er hat gefrakt, ob ich ihm noch zeigen könnte, wie man fliekt.

Du kannst Verben verlängern, indem du die Grundform bildest:
geben – es gibt

2 Verlängere die Verben. Schreibe so: glauben – er glaubt, …

er glau(b/p)t	sie stei(g/k)t	es wir(d/t)	er to(b/p)t	sie lie(g/k)t
es stin(g/k)t	er mer(g/k)t	sie klin(g/k)t	es zei(g/k)t	er hu(b/p)t
sie rau(b/p)t	es fän(g/k)t	er trä(g/k)t	sie grä(b/p)t	er schrei(b/p)t
sie sprin(g/k)t	es pie(b/p)t	er sa(g/k)t	sie fra(g/k)t	es flie(g/k)t

3 Schreibe den Text aus Aufgabe 1 verbessert auf.

4 Welche Verlängerung hilft dir, die Wörter richtig zu schreiben?
Schreibe so: saugen – Saugroboter

Sau ___ roboter	Sprin ___ brunnen	Mer ___ wort
Schrei ___ block	Bra ___ wurst	Tre ___ roller

Satz der Woche

1

Der flinke Vogel fliegt
über den Berg.

Wir lesen den Satz der Woche.
Wir erklären, was der Satz bedeutet.

2

Montag: Ⓜ ÷

Der flinke **V**ogel fl**ie**gt
über den Ber**g**. ↪

Wir markieren schwierige Stellen.
Wir schreiben passende Strategiezeichen dazu.

3

Dienstag

Wörter mit g am Ende:
Berg, Burg, Tag, klug
Wörter mit langem ie:
fliegen, Biene …

Wir finden für jedes Wort drei weitere Wörter mit der gleichen schwierigen Stelle.

4

Mittwoch

Der flinke Vogel fliegt
über den Berg.

Wir bestimmen von möglichst vielen Wörtern die Wortart.

5

Donnerstag

Über den Berg fliegt der flinke Vogel.
Fliegt der flinke Vogel über den Berg?

Wir stellen den Satz um und bestimmen die Satzglieder.

6

Freitag

Einfache Vergangenheit:
Der flinke Vogel flog über den Berg.
Zusammengesetzte Vergangenheit: …

Wir schreiben den Satz in verschiedenen Zeitformen auf.

1 Untersucht den Satz als **Satz der Woche**.

Im großen Garten steht ein Apfelbaum.

- sprachliche Mittel und Rechtschreibung strategisch analysieren
- Übungsformen selbstständig nutzen

- SAH Fö: Teil A, S. 54

- KV: 45

Wörter mit-b/-p, -d/-t, -g/-k

1 Übe die Übungswörter mit der Profikarte.

2 Untersucht den Satz als Satz der Woche.

In naher Zukunft gibt es in den Schulen bestimmt für alle Kinder einen Computer.

3 Führt ein Rechtschreibgespräch zu dem Wort

Plakatwerbung .

4 Schreibe den Text in deiner schönsten Schrift ab. Markiere die Übungswörter in deinem Text.

Wörter mit -b/-p, -d/-t, -g/-k

- der Abschie**d**
- al**t**
- bemer**k**en
- der Bil**d**schirm
- bran**d**neu
- klu**g**
- lo**b**en
- der Sau**g**roboter
- schen**k**en
- der Ta**g**
- tau**b**
- die Wel**t**

Medienheld

Vor zwei Tagen besuchte uns mein Uropa.
Als er mein Zimmer betrat, lobte er mich für meinen sauberen Teppich. Unauffällig stellte ich mich vor unseren Saugroboter.
Natürlich bemerkte er es und zwinkerte mir zu.
Papa hat mir schon viele Geschichten von Uropa erzählt.
Uropa ist ein sehr kluger Mann.
Früher entwickelte er auf einem einfachen Computerbildschirm die ersten richtigen Videospiele der Welt.
Uropa mag inzwischen alt und taub sein,
aber altmodisch ist er sicher nicht.
Zum Abschied schenkte er mir sogar eine brandneue App für mein Tablet. Für mich ist Uropa ein wahrer Medienheld!

5 Schreibe Sätze mit diesen **kleinen Wörtern**.

mir sogar inzwischen sehr

Wortfelder kennen und nutzen

1 Wähle eine Aufgabe aus.

a Welche Wörter gehören zum Wortfeld **super**? Schreibe sie auf.

fantastisch schrecklich grausam fabelhaft miserabel wunderbar widerlich wundervoll ausgezeichnet unangenehm grässlich großartig blendend herrlich hervorragend fürchterlich

b Schreibe die Sätze ab
und setze passendere Verben aus dem Wortfeld **mögen** ein.

bewundern lieben schätzen gefallen bevorzugen verehren

Das frisch verheiratete Ehepaar **mag** sich von ganzem Herzen.
Meine Oma **mag** Tee zu ihrer Torte.
Ich **mag** Leute, die jeden Tag Sport treiben.
Clara **mag** die neuen Kopfhörer ganz besonders.
Der neue Superstar wird von allen Mädchen **gemocht**.
Frau Fischer **mag** gutes Essen.

c Schreibe einen kurzen Text
mit den Wörtern aus dem Wortfeld **glücklich**.

fröhlich begeistert heiter zufrieden vergnügt

Schreibe auf: Ich bin fit! ☺ Ich trainiere weiter. 😐

- Texte sprachlich optimieren: Wortfelder kennen und nutzen
- eigenen Lernerfolg reflektieren

- SAH Fö: Teil A, S. 57

Wörter mit b/p, d/t, g/k richtig schreiben

1 Wähle eine Aufgabe aus.

a Wie werden diese Wörter geschrieben?
Schreibe sie mit der Verlängerung auf.

das Schrei$^{b}_{p}$heft	die Schul$^{t}_{d}$	muti$^{g}_{k}$
sie schie$^{b}_{p}$t	er stei$^{g}_{k}$t	tausen$^{t}_{d}$

schieben mutiger schreiben tausende schuldig steigen

b Verlängere und schreibe die Sätze richtig auf.

Das Kin$^{d}_{t}$ arbeitet fleißi$^{g}_{k}$ an dem Bil$^{d}_{t}$.
Muti$^{g}_{k}$ wa$^{g}_{k}$t sich der Hun$^{d}_{t}$ in den Käfi$^{g}_{k}$ des Tigers.
Ich habe ihn gefra$^{g}_{k}$t, ob er mir eine Bra$^{d}_{t}$wurst gi$^{b}_{p}$t.
Vorsichti$^{g}_{k}$ schneidet Ole das Geschen$^{g}_{k}$papier.
Jule hat die Erlau$^{b}_{p}$nis, einen Freun$^{d}_{t}$ zu besuchen.
Die Strategie Verlängern bereitet uns häufi$^{g}_{k}$ Schwieri$^{g}_{k}$keiten.

c Welche dieser Wörter sind Merkwörter? Begründe.

und billig ab schlecht ob blind sind schlägt

Schreibe auf: Ich bin fit! ☺ Ich trainiere weiter. 😐

Kinder der Welt

Kinderrechte
- Recht auf Bildung
- Recht auf Schutz vor Ausbeutung
- Recht auf Spiel und Freizeit
- ...

1 Was erfahrt ihr über die Schulen und Schulwege der Kinder auf den Fotos?

2 Die beiden Kinder sprechen über ein Kinderrecht.
Was sind Kinderrechte? Vermutet.

3 Manche Kinder besuchen keine Schule. Warum ist das so? Recherchiert.

· funktionsangemessen sprechen: beschreiben und vermuten
· Informieren und Recherchieren

· SAH Fö: Teil B, S. 6
· KV Fö/FO

· KV: 49

Meinungen austauschen: Kugellager

1 Über welches Kinderrecht sprechen die Kinder?

2 Wie diskutiert man mit der Methode **Kugellager**? Erklärt.

3 Wählt ein anderes Kinderrecht aus. Diskutiert im Kugellager.

Recht auf Spiel und Freizeit **Recht auf Gesundheit**
Recht auf Gleichheit **Recht auf Nahrung, Kleidung und Wohnung**

4 Was sind die Vorteile der Kugellager-Methode? Überlegt.

Diskussions-Methode Kugellager:
1. Wir legen ein Thema fest.
2. Wir bestimmen Zeitwächter/in und Regelwächter/in.
3. Die Hälfte der Kinder setzt sich in einen Kreis.
4. Jedem Kind setzt sich ein anderes Kind gegenüber.
5. Der Außenkreis dreht sich nach einem Signal.

Ein Lapbook planen

1 Ella hat ein Lapbook gestaltet. Was ist das Besondere an einem Lapbook? Beschreibt.

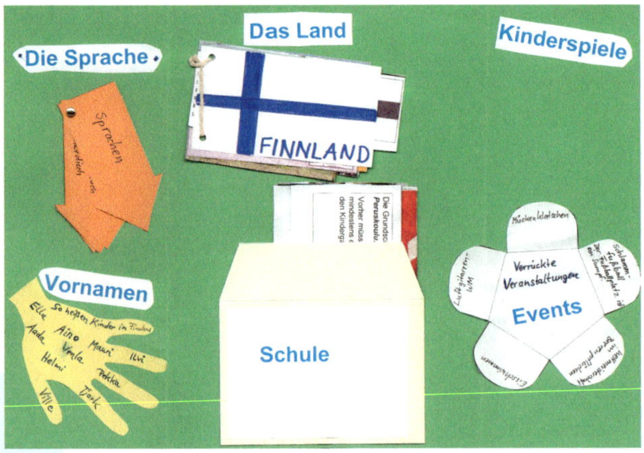

Planungsbogen

Kinder in Finnland

Teilthema	Form	Material
das Land	kleines Buch	Fotos, Kopien, Zeichnungen
die Sprache	bewegliche Pfeile	Papier, Klammern
Schule	Brief-umschlag	Fotos
verrückte Events	Blüte	Papier
Vornamen	Kinder-hand	Tonpapier
Kinder-spiele	...	...

2 Ella hat ihr Lapbook mit einem Planungsbogen vorbereitet und geplant. Erklärt, wie der Planungsbogen aufgebaut ist.

3 Informiere dich über Kinder in einem anderen Land. Erstelle dazu einen Planungsbogen für ein Lapbook.

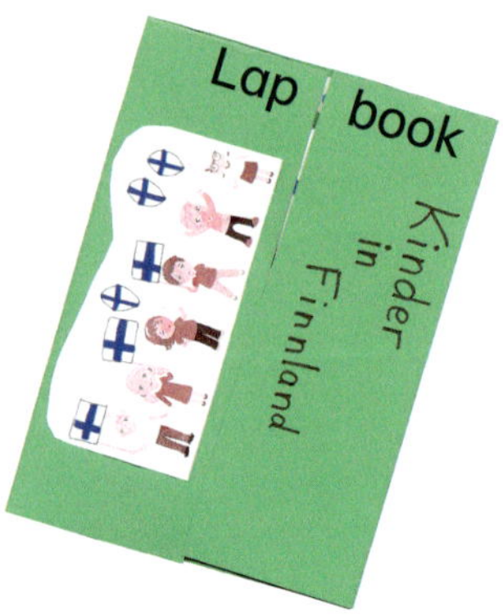

So plane ich **ein Lapbook** mit **einem Planungsbogen**:

1. Ich wähle ein Thema aus.
2. Ich suche Informationen zum Thema.
3. Ich entscheide mich für Teilthemen.
4. Ich schreibe Stichpunkte zu den Teilthemen.
5. Ich wähle Form und Material passend aus.

Texte für ein Lapbook schreiben und gestalten

1 Zu welchem Teilthema hat Ella Stichpunkte aufgeschrieben?

2 Ella präsentiert ihre Informationen mit der Drehscheibe. Wie könnte sie die Informationen mit der Blüte präsentieren? Überlegt gemeinsam.

Kinderspiele in Finnland
- Ballspiele: Inselball (Saaripallo)
- Laufspiele: Treppenfangen (Porrashippa), Staffellauf (Sukkulaviesti)
- Geschicklichkeitsspiele: Mölkky (mit einem Wurfholz wird auf Zahlenkegel geworfen)
- Winterspiele: Eislaufen, Skilaufen, Hundeschlitten fahren

Drehscheibe

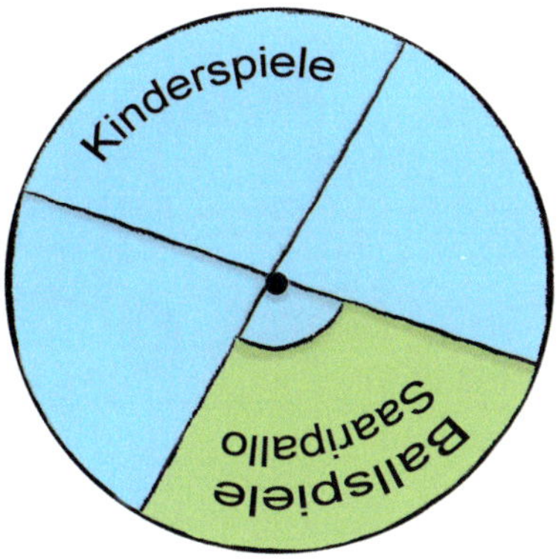

Blüte

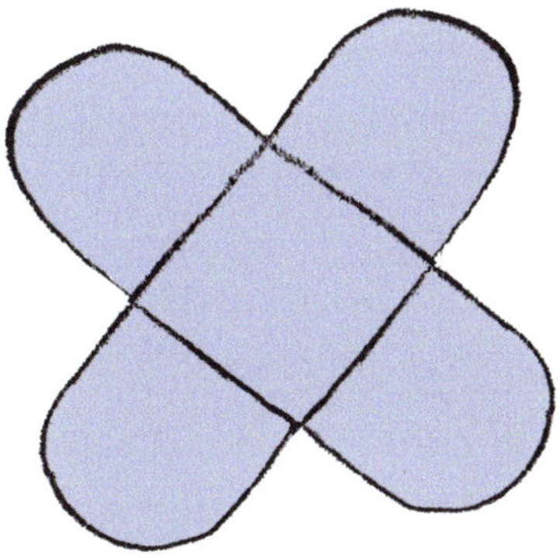

Checkliste: Informationen mit einem Lapbook präsentieren
- ✓ Informationen passen zum Teilthema.
- ✓ Inhalt und Form passen zusammen.
- ✓ Die Schrift ist gut lesbar.
- ✓ Die Gestaltung macht neugierig.

3 Gibt es weitere Möglichkeiten, die Informationen zu Kinderspielen zu präsentieren? Probiert aus und vergleicht.

4 Erstelle ein eigenes Lapbook. Nutze den Planungsbogen.

5 Präsentiere dein Lapbook.

Satzglieder finden und Subjekt bestimmen

1 Wie findet ihr in dem Satz die Satzglieder?
Tauscht euch aus.

Wörter, die beim Umstellen zusammen bleiben, sind ein Satzglied.

Viele Kinder fahren mit dem Bus zur Schule.

2 Stelle einige Sätze so um, dass der Text besser klingt.
Schreibe auf. Zeichne einen Strich hinter jedes Satzglied.

Kinder leben überall auf der Welt.
Sie gehen mit ihren Freunden zur Schule.
Sie helfen manchmal ihren Eltern bei der Arbeit.
Sie finden trotzdem jeden Tag Zeit zum Spielen.

3 Frage in jedem Satz nach dem Subjekt. Schreibe so:
Wer oder was lebt in Südafrika? Antwort: Shari

Shari lebt in Südafrika.
In der Schule trägt das Mädchen eine Uniform.
Ein kleiner Bus holt die Schulkinder zu Hause ab.
Zwei Stunden dauert die Fahrt.

Wer oder was ...? | Subjekt

4 Stelle jeden Satz dreimal um.
Schreibe auf und markiere das Subjekt.

In allen Ländern der Welt haben Mädchen und Jungen viel Freude beim Spielen.

Noch lange werden die spannenden und interessanten Filme über Tiere in der ganzen Welt in unserer Erinnerung bleiben.

- sprachliche Operationen nutzen: umstellen
- Fachbegriffe kennen, Satzglied Subjekt bestimmen

- SAH Fö: Teil B, S. 10
- KV Fö/FO
- 31

- ÜH: S. 36
- KV: 53, 155, 156

Das Prädikat kennen

1 Stellt den Satz dreimal um.
Erklärt, wie ihr das Prädikat finden könnt.

Tom lebt mit seinen Eltern auf einer Farm in Australien.

Prädikat
Was tut/tun ...? Was geschieht ...?
Stellst du das Prädikat nach vorne, entsteht ein Fragesatz.

2 Bilde aus jedem Satz eine Frage,
sodass das Prädikat am Anfang steht.
Schreibe so: Gibt es viele Rinder und Schafe auf Toms Farm?

Auf Toms Farm gibt es viele Rinder und Schafe.
Beim Zusammentreiben der Rinder helfen die Pferde.
Die Hunde bewachen die Schafe.
Manchmal spielt Tom auch mit den Hunden.
Oft ist Tom in seinem Baumhaus.
Sein bester Freund wohnt 600 km weit weg.

3 Schreibe den Text auf.
Markiere in jedem Satz das Subjekt und das Prädikat.

Jedes Kind auf der Welt hat ein anderes Zuhause.
In Tunesien wohnen manche Leute
in unterirdischen Häusern.
In Thailand haben viele Familien ein Hausboot.
In Laos bauen Menschen auch Häuser
aus geflochtenen Matten.
In Großstädten gibt es viele Wohnungen in Hochhäusern.

Zweiteilige Prädikate kennen

1 Welches Satzglied ist in den Sätzen unterstrichen? Tauscht euch aus.

Amelie taucht ins Meer ein. Sie hat ihre Taucherbrille vergessen.
Jetzt kann sie im tiefen Wasser nichts sehen.

Zweiteilige Prädikate entstehen bei:
- Verben mit einem abtrennbaren Wortbaustein:
vorlesen – Ich lese etwas vor. – Lese ich etwas vor?
- zusammengesetzten Zeitformen:
Ich habe etwas gelesen. – Habe ich etwas gelesen?
- Hilfsverben (wollen, können, dürfen, sollen, müssen):
Ich soll etwas vorlesen. – Soll ich etwas vorlesen?

2 Schreibe die Sätze ab. Markiere das zweiteilige Prädikat.
Schreibe die Grundform des Verbs dazu.

Nach dem Fußmarsch kommt Arif an der Schule an. ankommen
Jedes Kind stellt sich mit seinem Namen vor.
In der Mittagspause bereiten sie das Essen zu.

3 Schreibe den Text im Perfekt. Markiere das zweiteilige Prädikat.
Die Kinder haben Geschichten geschrieben.

Die Kinder schreiben Geschichten. Später rechnen sie.
Am Nachmittag singen alle gemeinsam im Chor.

4 Schreibe jeden Satz als Frage auf. Markiere das zweiteilige Prädikat.
Muss jedes Kind ein Zuhause haben?

Jedes Kind muss ein Zuhause haben.
Jedes Kind will in Frieden leben.
Jedes Kind darf seine Meinung sagen.

· sprachliche Operationen nutzen: umstellen
· Fachbegriffe kennen, zweiteiliges Prädikat bestimmen

· SAH Fö: Teil B, S. 12, 13
· KV Fö/FO
· 33

· ÜH: S. 37, 38
· KV: 55, 56

Fremdwörter richtig schreiben Ⓜ

1 Warum sind diese Wörter schwer zu schreiben? Tauscht euch aus.

emotional	Jury	Symbol	Theater	surfen	Cornflakes

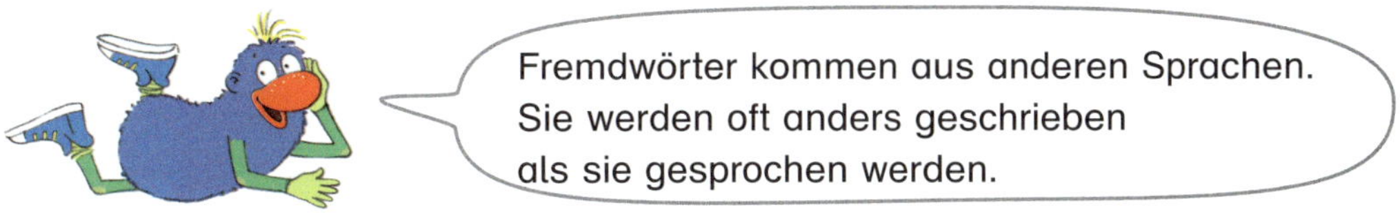

2 Welche Fremdwörter sind abgebildet? Schlage nach und schreibe auf.

Nachschlagen
Seite 102

3 Bilde zu jedem Fremdwort das passende Verb. Schreibe einen Satz mit dem Verb: Adresse – adressieren: Der Brief ist an mich adressiert.

Adresse	Organisation	Information	Reparatur
Dekoration	Operation	Experiment	Training

4 Schreibe den Text ab. Setze die passenden Fremdwörter ein.

funktionierte	Mountainbike	Laptop	Internet
Handy	Graffiti	chatten	kreativ

Ich wollte mit meinem Freund Liam in Neuseeland ___.
Mit meinem ___ kam ich nur schlecht ins ___.
Ich zog mein ___ aus der Hosentasche. Damit ___ es.
Liam hatte es eilig, er musste mit seinem ___ zur Schule fahren.
In der ersten Stunde hatte er einen ___-Kurs.
Ich wünschte ihm viele ___ Ideen.

5 Suche dir fünf Fremdwörter aus. Schreibe Sätze damit.

Wörter mit doppeltem Mitlaut

1 Wie könnt ihr erkennen, ob ein Wort mit zwei gleichen Mitlauten geschrieben wird?

besti m/mm en   Bla t/tt   Kro n/nn e

Länge des Selbstlautes?
Offene oder geschlossene Silbe? Wortstamm?

2 Sammle zu jedem doppelten Mitlaut möglichst viele Wörter in einer Liste.

ff	ll	mm	nn	rr	ss	tt
offen	hell	Kamm	Donner	Irrtum	essen	bitten

3 Zeichne eine Tabelle und trage die Wörter passend ein.

offene Silbe	geschlossene Silbe
die Gabel	das Messer

Wasser   Dose   Messer   malen   mutig   Welle   Bett
beginnen   Stiefel   Kamm   Gabel   viele   Zimmer   Säge

4 Finde zu jedem Wort drei Wörter aus der Wortfamilie. Schreibe so:
schwimmt: schwimmen, Schwimmerin, wegschwimmen

schwimmt   misst   sperrt   brennt   fällt   klappt

5 Beantwortet die Fragen.

Warum schreibt man **Schifffahrt** mit drei **f**?

Warum schreibt man **kennt** mit **nn**?

Warum schreibt man **Wald** nur mit einem **l**?

Wie kann man herausfinden, ob ein einsilbiges Wort am Ende einen doppelten Konsonanten hat?

Wörter mit ck und tz richtig schreiben

1 Warum sind beide Wörter richtig geschrieben? Begründet.

spucken   spuken

2 Setze **k** oder **ck** ein.
Schreibe so:
ck: die Decke, …   k: das Küken, …

das Kü___en   die De___e   die Ja___e   das Pa___et   die Mü___e
die Kra___e   wi___eln   qua___en   der Zu___er   die Pau___e

3 Bilde bei den Verben die Grundform und bei den Nomen die Mehrzahl.
Schreibe so: backen – backt, Röcke – Rock, …

backt   Rock   Stück   bückt   Fleck   steckt   Blick   guckt   Block

4 Wann wird ein Wort mit **tz** und wann mit **z** geschrieben? Erklärt.

die Hitze   schützen   kratzen

der Weizen   geizig   das Kreuz

5 Sammle weitere Wörter zu den beiden Gruppen in einer Liste: tz und z.

6 Bilde bei den Verben die Grundform und bei den Nomen die Mehrzahl.
Schreibe so: putzen – putzt,
die Sitze – der Sitz, …

putzt   Sitz   reizt   Schatz   Kreuz   stützt
nutzt   Blitz   Spatz   Witz   kratzt   heizt

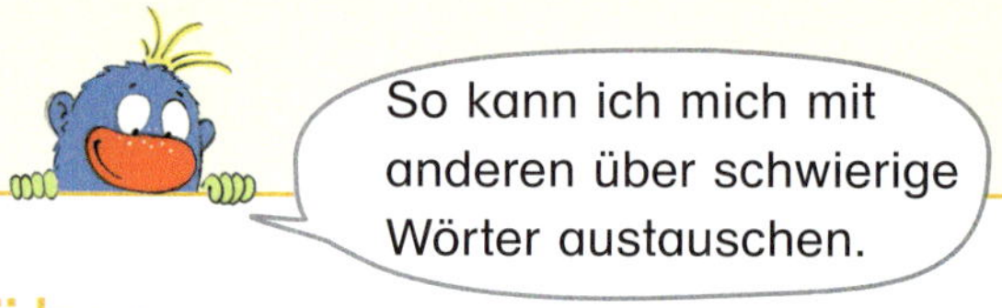

Ein Rechtschreibgespräch führen

1

Wir erklären die Bedeutung des Wortes und markieren schwierige Stellen.

2

Wir sprechen über die schwierigen Stellen und malen passende Strategiezeichen dazu.

3

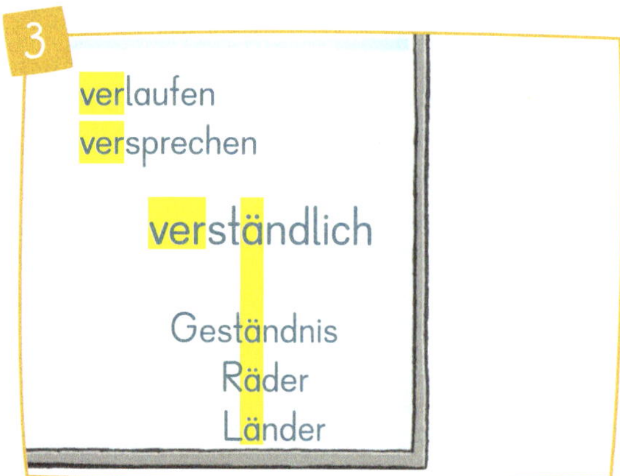

Wir überlegen, in welchen Wörtern diese schwierigen Stellen noch vorkommen.

4

Wir überlegen, wo wir das Wort im Wörterbuch finden können.

1 Führt Rechtschreibgespräche zu diesen Wörtern:

unterschiedlich   Katzenschreck   Schulhund   genüsslich   Pizzabäcker

Wörter mit doppeltem Mitlaut und mit ck und tz

1 Übe die Übungswörter mit der Profikarte.

2 Schreibe Listen mit Wörtern mit tz und Wörtern mit ck.

3 Führt ein Rechtschreibgespräch zu dem Wort Bäckermütze.

4 Schreibe den Text in deiner schönsten Schrift ab. Markiere die Übungswörter in deinem Text.

Ein Tag bei Kito
Am Morgen geht Kito in die Schule.
Nach der Schule hilft er seiner Mutter. Kito geht zum Markt und kauft für das Abendessen ein.
Auf dem Rückweg sammelt er Brennmaterial für die Feuerstelle. Es sind kleine Äste, Elefantengras und Zuckerrohr.
Am Nachmittag hat Kito Freizeit. Er trifft sich mit seinen Freunden. Wegen der Hitze setzen sie sich unter einen Baum in den Schatten. Dort packen alle leckeres Essen für ein Picknick aus. Bevor es dunkel wird, rennt Kito nach Hause. Unterwegs nimmt er noch Wasser aus dem Nachbarort mit.
Zusammen mit seiner Mutter bereitet Kito jetzt das Abendessen vor. Es gibt Süßkartoffeln mit Huhn in Erdnusssoße.

Wörter mit doppeltem Mitlaut
brennen
das Essen
sammeln
der Schatten
treffen
zusammen
Wörter mit ck und tz
die Hitze
jetzt
lecker
der Rückweg
setzen
das Zuckerrohr

5 Schreibe Sätze mit diesen **kleinen Wörtern**.

unterwegs ihrer zum sind

Zweiteilige Prädikate kennen

1 Wähle eine Aufgabe aus.

a Schreibe die Sätze ab. Markiere die zweiteiligen Prädikate.

zusammensitzen : Die Kinder sitzen an einem Tisch zusammen.

aufzählen : Tina zählt die Kinderrechte auf.

abschreiben : Micha schreibt einen Text dazu ab.

auswählen : Kira wählt Bilder aus.

nachschlagen : Sie schlagen viele Infos in Büchern nach.

vorstellen : Dann stellen die Kinder ihre Arbeit der Klasse vor.

b Schreibe den Text im Perfekt auf.
Markiere die zweiteiligen Prädikate.

Amiri wartet auf den Schulbus.
Viele Kinder sitzen schon im Bus.
Unterwegs sehen sie eine Elefantenherde.
Der Bus fährt langsam an den Tieren vorbei.
Nach zwei Stunden erreichen sie ihre Schule.
Amiri erzählt ihrer Freundin von den Elefanten

c Wann entsteht in einem Satz ein zweiteiliges Prädikat?
Schreibe zu jeder Möglichkeit einen Beispielsatz.

Perfekt | Hilfsverb | Verb mit trennbarem Wortbaustein

Schreibe auf: Ich bin fit! 🙂 Ich trainiere weiter. 😐

- Fachbegriffe kennen, zweiteiliges Prädikat bestimmen
- den eigenen Lernerfolg reflektieren

- SAH Fö: Teil B, S. 21

- ÜH: S. 43, 45

Wörter mit doppeltem Mitlaut

1 Wähle eine Aufgabe aus.

a Schreibe die Wortfamilien sortiert auf. Markiere die Wortstämme.
STELL SCHAFF KAMM

stellen schaffen Gestell Kamm einstellig kammartig Stelle abschaffen Haltestelle Anschaffung kämmen rechtschaffend Bergkamm anstellen Hahnenkamm Schaffenskraft ungekämmt

b Zeichne eine Tabelle. Schreibe die Wörter geordnet auf.

kurzer Selbstlaut und doppelter Mitlaut	langer Selbstlaut und einfacher Mitlaut
der Füller	der Nebel

der Fü l/ll er — der Ne b/bb el — bie t/tt en — die Da m/mm e — gewi n/nn en
die Flü s/ss e — kle t/tt ern — die Scha f/ff e — der O f/ff en — die We l/ll e
zusa m/mm en — verbie t/tt en — strei t/tt en — wi s/ss en

c Schreibe eigene Sätze, in denen viele Wörter mit dem gleichen doppelten Mitlaut vorkommen.
ll: Die schnellen Libellen …
tt: Die fette Butter …

Schreibe auf: Ich bin fit! Ich trainiere weiter.

So lebten die Wikinger

Die Wikinger lebten von 800 bis 1100 nach Christus.

Wo lebten die Wikinger?

- in Norwegen an den Fjorden
- in Schweden an den Seen
- in der Inselwelt Dänemarks

Wie lebten die Wikinger?

- häufig als Bauern, Viehzüchter
- meist kleine Höfe
- Selbstversorger
- webten aus selbstgesponnener Schafwolle Kleider und Segel
- Getreideanbau

Welche Fahrzeuge bauten sie?

- flache Segelboote
- breite Fähren, Tiertransport
- leichte Flussschiffe, die man streckenweise über Land ziehen konnte
- Kriegsschiffe: schmal und schnell

1 Was erfahrt ihr über die Wikinger? Erzählt.

2 Was möchtest du noch über die Wikinger wissen? Recherchiere und schreibe Stichpunktkarten.

· Informationen entnehmen, beschreiben, erzählen, Stichpunktkarten schreiben
· Informieren und Recherchieren

· SAH Fö: Teil B, S. 24
· KV Fö/FO

· KV: 65

Kurzvortrag: Sprechen mit Stichpunktkarten

1 Wie bereitet Ella ihren Kurzvortrag vor? Beschreibt.

2 Wie könnte Ella ihren Vortrag mit den Karten 2 und 3 fortsetzen? Übt das Vortragen wie Ella.

3 Wähle ein Thema aus. Bereite einen Kurzvortrag mit Stichpunktkarten vor und halte ihn.

Ich möchte euch etwas über … erzählen.
Mich hat besonders beeindruckt, dass …
Ich fand es interessant, wie …
Hier könnt ihr sehen, wie …

So kann ich mit Stichpunktkarten ein Referat halten:

- Ich erzähle, warum ich das Thema gewählt habe.
- Ich benutze meine geordneten Stichpunktkarten.
- Ich zeige Bilder oder einen Gegenstand.
- Ich spreche deutlich und schaue mein Publikum an.

Mit Stichpunkten einen Sachtext planen

1 Paul möchte für das Wikingerbuch seiner Klasse einen Text über den Bootsbau schreiben. Formuliert das Schreibziel für Paul.

Ein Schreibziel formulieren, Seite 95

2 Paul hat seinen Text über den Bootsbau der Wikinger begonnen. Welche Stichpunkte von der Stichpunktkarte hat er schon benutzt? Tauscht euch aus.

Welche Boote bauten die Wikinger?
- bauten **kleine wendige Boote** für Fischfang
- leicht mit viereckigen Segeln aus Wolle
- breite **Transportschiffe** für Vieh und Waren
- **flache Boote** nutzten sie auf den Flüssen
- zwischen den Flüssen zogen sie das Boot auf Stämmen über Land
- bauten auch lange, schnelle Schiffe, um in weiter entfernte Länder zu kommen

So bauten die Wikinger ihre Boote
Die Wikinger waren bedeutende Bootsbauer.
Für den **Fischfang** bauten sie kleine wendige Boote.
Sie waren leicht und hatten viereckige Segel aus Wollstoff.
Es gab auch breite **Transportschiffe** für Vieh und Waren.
Auf den Flüssen …

3 Schreibe den Text über den Bootsbau der Wikinger weiter. Benutze die Informationen der Stichpunktkarte.

Einen Sachtext schreiben und überarbeiten

1 Überprüft den Text anhand der Checkliste.
Was muss verbessert werden? Tauscht euch aus.

Wie wohnten die Wikinger?
- rechteckige Langhäuser
- ein Haus für Menschen und Tiere
- Wände trennten Wohnbereiche
- Bänke an den Wänden
- Truhen statt Schränke
- Feuerstelle auf dem Boden

So wohnten die Wikinger
In den rechteckigen Langhäusern lebten Menschen und Tiere zusammen. Wände trennten Wohnraum, Vorratsraum und Stall. Schmale Schlitze an den Außenwänden ließen etwas Licht in den Raum. Mir wäre es innen zu dunkel gewesen.

An den Wänden im Wohnraum standen Bänke. Oft waren sie mit Fellen belegt. Das finde ich gemütlich. Auf ihnen saßen die Wikinger und arbeiteten. Gebrauchsgegenstände wurden an den Wänden aufgehängt. Es gab keine Schränke, aber Truhen in denen Sachen aufbewahrt wurden.

Auf dem Boden im Wohnhaus ist in einer Grube eine Feuerstelle. Der Rauch entweicht durch eine kleine Öffnung im Dach. Der Boden war mit Laub oder Schilf bedeckt. Nachts schliefen die Wikinger auf den Bänken.

2 Schreibe den verbesserten Text auf oder schreibe einen eigenen Sachtext zu den Wikingern.

Checkliste: Einen Sachtext schreiben
- ✓ passende Überschrift
- ✓ passende Informationen verwenden
- ✓ sinnvolle Reihenfolge einhalten
- ✓ ohne eigene Meinung
- ✓ Zeitform beachten

Satzglieder kennen: Wen-oder-was-Ergänzung

1 Verlängert die Sätze um ein Satzglied.
Auf welche Frage antwortet es?

Harald erkennt …	Rollo entdeckt …	Inga begrüßt …

Die **Wen-oder-was-Ergänzung** (Akkusativ-Objekt) ist ein Satzglied.
Es antwortet auf die Frage **Wen-oder-was …?**
Der Wikinger sieht ein Boot. Wen oder was sieh der Wikinger? – ein Boot

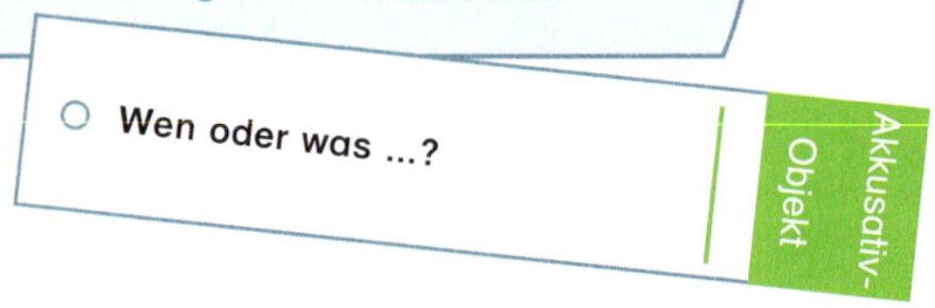

2 Erfrage die **Wen-oder-was-Ergänzung** in den Sätzen. Schreibe so:
Ragnar begrüßt seinen Freund Borg.
Wen oder was begrüßt Ragnar? – seinen Freund Borg.

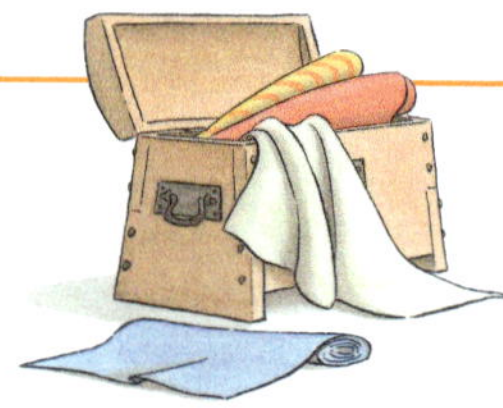

Ragnar | begrüßt | seinen Freund Borg |.
Sie | planen | eine Fahrt | zum Nachbardorf |.
Gemeinsam | verladen | sie | einige Waren |.
Ragnar | bringt | eine Truhe mit Stoffen | zum Boot |.

3 Schreibe die Sätze ab. Trenne die Satzglieder mit Strichen.
Unterstreiche die Wen-oder-was-Ergänzung.

In einer Bucht erkennen Tore und Sven einzelne Häuser.
Ulf sucht eine sichere Ankerstelle.
Die Weberinnen fertigen festes Segeltuch.
Neue Tonschalen brennen die Töpfer.
Aus Horn schnitzt Hakon feine Kämme.
Knut trocknet die Tierfelle zwischen Bäumen.

Satzglieder kennen: Wem-Ergänzung

1 Verlängert die Sätze um ein Satzglied.
Auf welche Frage antwortet es?

Solveig begegnet …	Runa hilft …	Tola folgt …

Die **Wem-Ergänzung** (Dativ-Objekt) ist ein Satzglied.
Es antwortet auf die Frage **Wem …?**
Solveig begegnet dem Häuptling. Wem begegnet Solveig? – dem Häuptling

Wem …? | Dativ-Objekt

2 Erfrage die **Wem-Ergänzung** in den Sätzen. Schreibe so:
Toralf folgt seinem Freund Vestar in den Wald.
Wem folgt Toralf? – seinem Freund Vestar.

Toralf | folgt | seinem Freund Vestar | in den Wald |.
Vestar | erzählt | dem Freund | von der Jagd |.
Bald | begegnen | die Jäger | einem Elch |.
Vorsichtig | folgt | Toralf | dem Tier |.
Aber | der Elch | entkommt | den Jägern |.

3 Schreibe die Sätze ab. Trenne die Satzglieder mit Strichen.
Unterstreiche die Wem-Ergänzung.

Ivar zeigt seinem Bruder Borg eine gute Angelstelle.
Er hilft Borg, Fische zu fangen.
Die Männer bringen ihrer Mutter Gunnhild die geangelten Fische.
Sie reicht ihnen einen Becher Wasser.
Auf dem Markt schenkt Gunnhild ihrer Tochter einen Apfel.
Besonders gut gefallen der Mutter heute die Stoffauslagen.

Mit Artikeln verbundene Präpositionen kennen

1 Schreibe die Sätze ab. Ergänze passende Präpositionen.

aus
in
vor
unter

Ein Bauer geht mit seinen Tieren ___ die Stadt. Er trägt ein kleines Schwein ___ dem Arm. Das Langhaus der Wikinger steht ___ dem großen Wald. Der Qualm des Feuers steigt ___ der Dachluke.

2 Durch welche Präpositionen kannst du die markierten Wortpaare ersetzen? Schreibe den veränderten Text auf.

am ans beim im vom zur

Ragnar geht **an dem** Haus von Thore vorbei.
Er will **zu der** großen Festhalle. Aber er bleibt **bei dem** Schmied stehen. Er tritt zu ihm **an das** Feuer.
Der Schmied nimmt das Messer **von dem** Amboss.
Er löscht das heiße Eisen **in dem** Wassertrog.

Präpositionen können mit Artikeln verbunden werden.
zum Beispiel:
an + dem = am
an + das = ans

3 Verbinde die Präpositionen mit den Artikeln. Schreibe so:
*Kammmacher Ulf legt Hornspäne **ins** heiße Wasser.*

Kammmacher Ulf legt Hornspäne **in das** heiße Wasser.
Gekochte Hornteile bringt er **zu der** Presse.
Dann nimmt er die Säge **von dem** Tisch.
Nach wenigen Schnitten ist die Hornplatte **zu dem** neuen Kamm geworden.
Um die Zähne zu glätten, greift Ulf **zu der** Feile.

Merkwörter mit h richtig schreiben M

1 Warum werden diese Wörter oft falsch geschrieben? Tauscht euch aus.

Hahn stehlen Lehrer fehlen Fohlen Sahne

2 Schreibe die Merkwörter mit h.
Kontrolliere mit dem Wörterbuch: der Rahmen, Seite: …

3 Ordne die Wörter. Finde weitere Beispiel.
hl: Mehl, … hm: … hn: … hr: …

Mehl gähnen hohl belohnen befehlen
ehrlich wählen Lehne fuhr zähmen Jahr
angenehm sehr dehnen Lehm nahm

4 Schreibe den Text ab. Setze die Wörter passend ein. Markiere sie.

sehr ohne ihr mehr ihren ihre ihn

Heute ist Markt in Birka. Gudrun ist ___ aufgeregt.
Sie zieht ___ dicken Mantel an. Und ___ die Fellstiefel
kann sie auch nicht gehen. Es treffen immer ___ Leute ein.
Gudrun sucht ___ Mutter. Da entdeckt sie Ake.
Sie kennt ___ seit vielen Jahren. Er reicht ___ die Hand.

5 Suche vier Wörter mit stummem h. Schreibe eine Geschichte mit ihnen.

Wortstämme für die Rechtschreibung nutzen

1 Warum hilft der Wortstamm, richtig zu schreiben?
Tauscht euch aus.

> Der Wortstamm ist ein Wortbaustein. Wortstämme werden oft gleich geschrieben. Manchmal ändert sich der Vokal:
> wechseln – verwechseln – Wildwechsel
> schwimmen – schwamm – geschwommen.

2 Schreibe die Wörter nach den Wortfamilien FEHL und STELL geordnet auf. Markiere die Wortstämme.

gefehlt Baustelle Fehler abstellen aufstellen fehlen
Vorstellung fehlte stellte fehlerhaft hinstellen verfehlt

3 Welche Wörter gehören zu einer Wortfamilie? Schreibe sie geordnet auf. Markiere die Wortstämme.

Fahrerin austrinken schlief trank Fahrt Schlafraum
vorfahren getrunken abfahren schläfrig anfahren
Trinkbecher fahren Getränk umfahren schläft
trinkbar fährt verschlafen fuhr ausgeschlafen gefährlich

- Rechtschreibstrategie anwenden: mit Wortbausteinen arbeiten
- Wörter nach Wortfamilien ordnen

- SAH Fö: Teil B, S. 33
- KV Fö/FO · RS: S. 12
- 47

- ÜH: S. 50
- KV: 74

Wörter mit ä/e und äu/eu richtig schreiben

1 Spielt das Spiel.

Ihr braucht: einen Würfel, Spielfiguren in zwei Farben,
pro Kind ein Tabellen-Blatt:

ä	e	äu	eu
Hände	…	…	…

So geht es:
Trage je nach Augenzahl das Wort richtig in die Tabelle ein. Wer zuerst zwei Wörter in jeder Spalte hat, gewinnt. Überprüft eure Lösung mit der Strategie **Ableiten**.

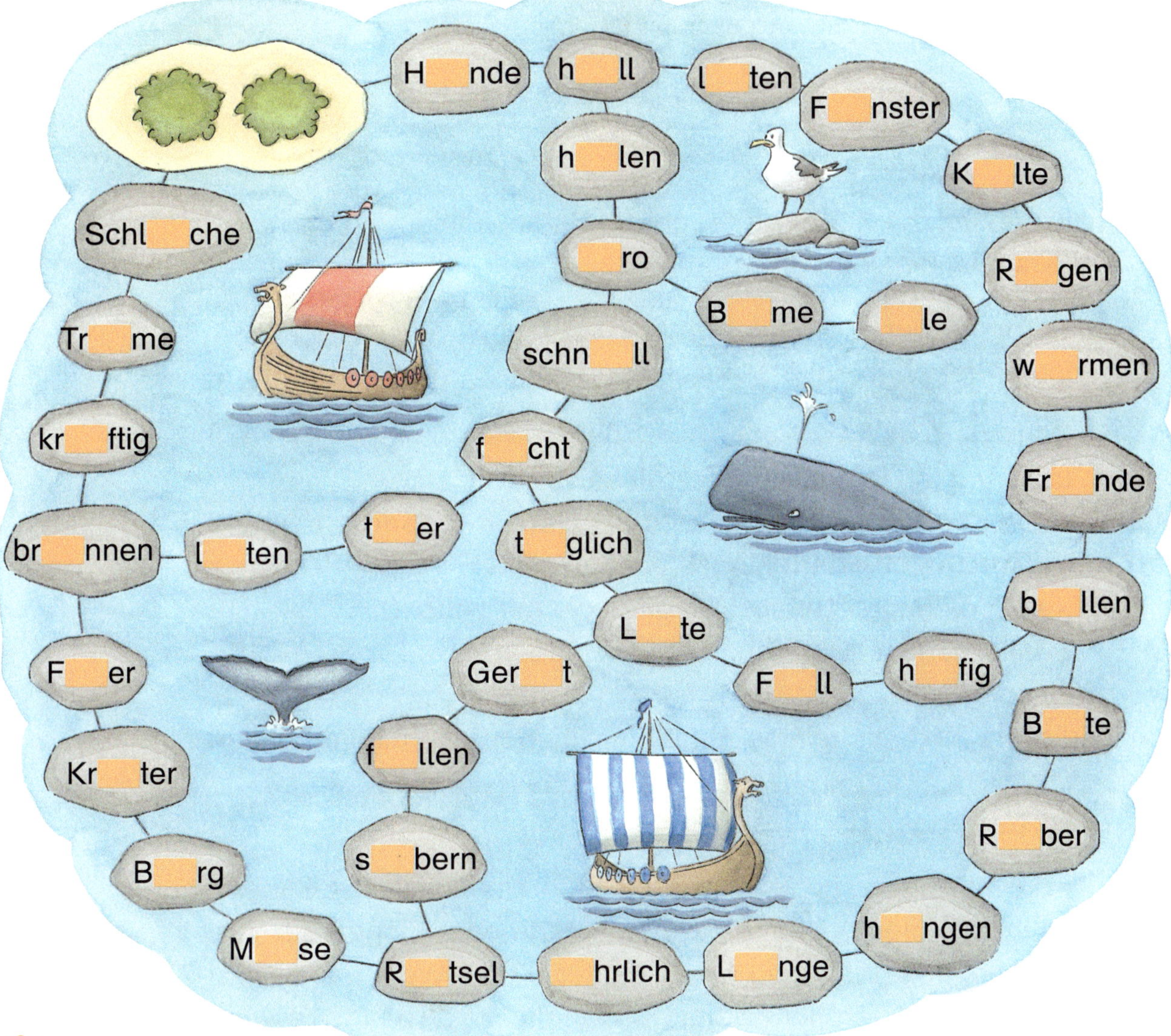

2 Überlegt euch eigene Regeln für das Spiel.

- Rechtschreibstrategie nutzen: Wörter ableiten
- kooperatives Format gestalten und nutzen

- SAH Fö: Teil B, S. 34, 35
- KV Fö/FO · RS: S. 11
- 48, 49

- ÜH: S. 51
- KV: 75, 76

So macht es Quiesel

Einen eigenen Text korrigieren

Markttag in Birka

Markt X der Eisfläche
Der ~~markt~~ fand auf von Schnee geräumten ~~Eisflache~~ statt.

Die Jäger verkauften Felle von Wölfen und Bären.

Z. Ein
Abends ging man in die Häuser ein Wikinger fragte Ake:

Z?
„Willst du uns von deiner Seereise in den Norden erzählen"

1 **Korrektur mit X:** Ich prüfe, ob die Sätze vollständig und verständlich sind.

2 **Korrektur der Zeichenfehler (Z):**
Ich prüfe, ob ich alle Satzzeichen richtig gesetzt habe.

3 **Korrektur der Rechtschreibfehler (R):**
Ich prüfe, ob ich richtig geschrieben habe.
Habe ich die Satzanfänge und die Nomen großgeschrieben?
Bei welchen Wörtern bin ich noch unsicher?
- Gibt es Rechtschreibstrategien, die mir helfen?
- Muss ich im Wörterbuch nachschlagen?

1 In diesem Text sind einige Fehler. Schreibe den Text verbessert auf.

Die siedlungen der Wikinger

In der Wikingerzeit Lebten die meisten Menschen als Bauern.
Auf ihren Höfen hielten sie Kühe, schafe oder Ziegen als Vih.
Die Tiere lieferten ihnen Milch. Butter. Käse, Wole und Fleisch.
Das Land um den hof herum nutzten die Bauern als Weidelant.
Brenholz holten sie aus dem Wald.

· Fehlersensibilität entwickeln: eigene Texte sprachlich und orthografisch verbessern · SAH Fö: Teil B, S. 36 · KV: 161

Wörter mit ä/e und äu/eu
Merkwörter mit h

1 Übe die Übungswörter mit der Profikarte.

2 Schreibe einen kleinen Text mit einigen Übungswörtern. Korrigiere deinen Text.

3 Führt ein Rechtschreibgespräch zu Gebäude .

4 Schreibe den Text in deiner schönsten Schrift ab. Markiere die Übungswörter in deinem Text.

Wörter mit ä/e, äu/eu
ergänzen
erkältet
häufig
die Häute
setzen
steuern
Merkwörter mit h
belohnen
die Fahrt
die Gefahr
kühl
stehlen
ungefähr

Wikinger
Haithabu war eine bedeutende Wikingersiedlung. Sie lag zwischen Nordsee und Ostsee am heutigen Fluss Schlei. Um vor Gefahren geschützt zu sein, waren die Städte von Verteidigungswällen umgeben. Die Höfe der Bauern waren häufig klein. Man hielt Kühe oder Schafe zur eigenen Versorgung. Im Wald konnten die Wikinger jagen, um die Nahrung zu ergänzen. Die Häute der Tiere wurden getrocknet und verkauft. Die Wikinger waren zu ihrer Zeit die besten Seefahrer. Mit ihren flachen Booten fuhren sie auf Flüssen im Binnenland. Steuerten sie auf ihrer Fahrt ein Hindernis an, mussten sie nicht umkehren. Sie konnten ihre Boote tragen oder über Stämme schieben.

5 Schreibe Sätze mit diesen **kleinen Wörtern**. ihren über nicht waren

6 Schreibe fünf Sätze mit man .
Auch heute kann man noch Wikingerdörfer besichtigen.

Die Wen-oder-was-Ergänzung erkennen

1 Wähle eine Aufgabe aus.

a Schreibe die Sätze ab. Markiere die Wen-oder-was-Ergänzung.

Rollo besucht seinen Freund Harald. Wen oder was besucht Rollo?
Sie ziehen das Boot ans Ufer. Wen oder was ziehen sie ans Ufer?
Rollo bringt neue Tonschalen aus Haithabu. Wen oder was bringt Rollo?
Sie bringen die Ware ins Haus. Wen oder was bringen sie ins Haus?
Dann trinken sie einen Becher Met. Wen oder was trinken sie?

b Erfrage die Wen-oder-was-Ergänzung in den Sätzen.
Schreibe so:
Auf dem Markt verkauft Hakon seine Kämme.
Wen oder was verkauft Hakon auf dem Markt? – seine Kämme

Auf dem Markt verkauft Hakon seine Kämme.
Die Frauen betrachten seine feinen Arbeiten.
Solveig schmückt ihr Haar mit einem Kamm.
Ihre gewebten Stoffe zeigt Ingrid den Kunden.
Gudrun kauft bunte Tücher. Sie will sich ein neues Kleid nähen.

c Bilde mit den Verben Sätze. Sie sollen aus Subjekt, Prädikat und einer Wen-oder-was-Ergänzung bestehen.
Markiere diese Satzglieder.

kochen backen trinken singen hören schnitzen

Schreibe auf: Ich bin fit! 🙂 Ich trainiere weiter. 😐

- Satzglieder unterscheiden: Akkusativ
- Fachbegriffe kennen
- den eignenen Lernerfolg reflektieren

- SAH Fö: Teil B, S. 39

- ÜH: S. 55

Wortstämme für die Rechtschreibung nutzen

1 Wähle eine Aufgabe aus.

a Schreibe die Wörter geordnet nach den Wortfamilien RAD und RAT auf.

Markiere den Wortstamm.
Schreibe so: RAD: der Radfahrer, …

der Radfahrer	raten	das Motorrad	die Beraterin
die Räder	sie riet	der Radweg	er rät
radeln	der Ratsherr	die Radtour	abraten
das Zahnrad	der Ratgeber	das Spinnrad	verraten
der Radsport	beraten	das Vorderrad	das Rätsel
der Ratschlag	der Stadtrat	das Wasserrad	ratlos

b Schreibe möglichst viele Wörter zu den Wortstämmen geordnet auf.
Markiere den Wortstamm.

BRENN BIND BAU

c Wie kann die Strategie helfen, ein Wort richtig zu schreiben?
Erkläre dies am Wortbaustein SPINN.
Schreibe deine Erklärung auf.

Schreibe auf: Ich bin fit! Ich trainiere weiter.

- Rechtschreibstrategie anwenden: mit Wortbausteinen arbeiten
- den eigenen Lernerfolg reflektieren

- SAH Fö: Teil B, S. 40

- ÜH: S. 55

Im All unterwegs

Stern	Planet	Mond	Raumstation
Teleskop	Raumfähre	Ufo	Astronaut

1 Schaut euch die Bilder an. Beschreibt.

2 Was gibt es wirklich? Was ist fantastisch? Überlegt gemeinsam.

· situationsgerecht sprechen: beschreiben
· Vermutungen, eigene Erfahrungen und Meinungen einbringen

· SAH Fö: Teil B, S. 42
· KV Fö/FO

· KV: 80

Anschaulich beschreiben

1 Was erfahrt ihr über Laras Planeten? Erzählt.

2 Lara verwendet Vergleiche, damit andere sich den Planeten gut vorstellen können. Welche Vergleiche verwendet sie?

Das Wasser ist kalt **wie** Eis, …

3 Wie stellst du dir einen fremden Planeten vor? Du kannst ihn malen oder Stichpunkte aufschreiben.

4 Wie könntest du deinen Planeten beschreiben? Notiere Vergleiche.

Die Blumen sind groß wie Bäume. … klein wie Streichholzschachteln.
… dunkel wie … … kalt wie … … tief wie … … schnell wie …

5 Beschreibe anderen Kindern deinen Planeten. Nutze deine Vergleiche.

Den Spannungsbogen einer Geschichte kennen

1 Schaut euch den **Spannungsbogen** an.
Was erfahrt ihr über den Aufbau einer Geschichte?

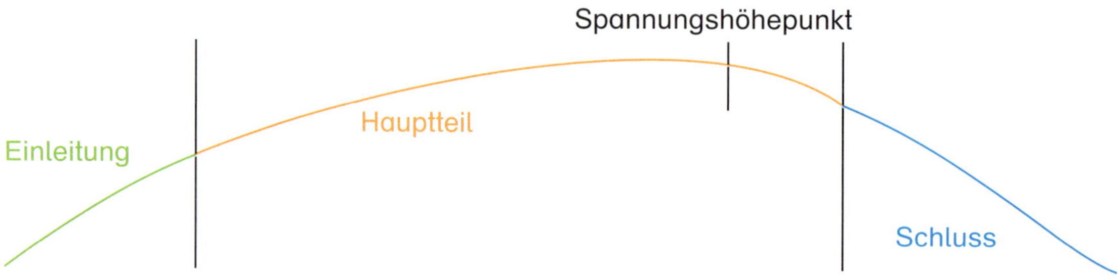

2 Schreibe die **Handlungsschritte** der Geschichte ab. Markiere sie passend zum Spannungsbogen grün, orange oder blau.

- Ich wollte mit meinem neuen Raumschiff einen kurzen Abstecher zum Mond machen.
- startete planmäßig in den frühen Morgenstunden
- erreichte zwölf Minuten später die Erdumlaufbahn
- ging dann auf Mondkurs
- seltsame Anzeige auf meinen Instrumenten
- etwas Riesiges näherte sich meinem Raumschiff
- defekte Instrumente?
- sah einen riesigen Kometenschwarm
- Kometenschwarm schleuderte mein Schiff hin und her und riss es mit sich ins All
- alles wieder ruhig, war erleichtert

3 Überlegt gemeinsam, wo der **Spannungshöhepunkt** der Geschichte ist.

Eine spannende Geschichte planen

1 Lest den Anfang von Laras Geschichte.
Was könnte sie auf dem fremden Planeten erleben? Erzählt.

Eigentlich wollte ich nur einen Abstecher zum Mond machen, als ein Kometenschwarm mein Raumschiff mit sich riss und weit ins All hinaustrug. Ohne Orientierung flog ich durch die Dunkelheit. Nach zwei Wochen sah ich einen großen blauen Planeten vor mir. Es war eindeutig nicht die Erde. Ich beschloss, mir diese neue Welt genauer anzusehen …

2 Lara hat für Hauptteil und Schluss Notizen gemacht. Schreibe die **Handlungsschritte** in einer verständlichen Reihenfolge auf.

1. flog über eine endlose Wasserfläche mit Wellen, hoch wie Berge

eine Tür im Gebäude öffnete sich und eine freundliche Gestalt winkte mich herein

Blitze zuckten, Donner krachten,
meine Raumschiff wurde hin und her geschleudert

Ich war gerettet.

landete im letzten Moment auf einer der Scheiben

sah in der Ferne im Sonnenlicht glitzernde Gebäude auf fliegenden Scheiben

Gewitter zog auf, Wolken groß wie Kontinente türmten sich am Horizont

3 Wo ist in Laras Geschichte der **Spannungshöhepunkt**?
Markiere diesen Handlungsschritt in deinem Heft.

4 Was könntest du auf einem fremden Planeten erleben?
Plane eine spannende Geschichte dazu. Notiere die **Handlungsschritte** und markiere den **Spannungshöhepunkt**.

Geschichten spannend machen

1 Der Spannungshöhepunkt einer Geschichte wird häufig durch **Spannungsmelder** angekündigt. Sammelt weitere Spannungsmelder.

Spannungsmelder:

wie aus dem Nichts · Kaum zu glauben! · plötzlich · Sekunden später · da · aus heiterem Himmel · in wenigen Sekunden · blitzschnell

2 Schreibe den Geschichtenausschnitt ab und unterstreiche die Spannungsmelder.

... Konnte es sein, dass meine Instrumente defekt waren?
Ich überprüfte noch die Anzeigen, als wie aus dem Nichts ein riesiger Kometenschwarm erschien.
In wenigen Sekunden war mein Raumschiff von Gesteinsbrocken eingeschlossen. ...

3 Überlegt gemeinsam, wie man den Geschichtenausschnitt mit Spannungsmeldern noch spannender gestalten könnte.

... Irgendetwas bewegte sich außerhalb meines Raumschiffs. Hatte ich mir das nur eingebildet? Vorsichtige öffnete ich die Eingangsklappe. Ein Wesen mit Augen so groß wie Wagenräder ragte vor mir auf. ...

4 Schreibe den Geschichtenausschnitt aus Aufgabe 3 mit Spannungsmeldern auf.

Eine spannende Geschichten schreiben

1 Gestalte den Höhepunkt der Geschichte spannender.
Schreibe den Text ab. Fülle die Lücken mit treffenden Verben, passenden Vergleichen, wörtlicher Rede und Spannungsmeldern.

… ___ türmten sich am Horizont schwarze Wolken ___. Wind kam auf. Das Meer ___ tiefgrün und Schaumkronen ___ auf den Wellen. Grelle Blitze ___ über den Himmel. Eine Sturmböe ___ mein Raumschiff und schleuderte es hin und her. Regentropfen ___ klatschten auf das Sichtfenster. Ein Blitz fuhr genau vor mir ins aufgewühlte Meer. Ohrenbetäubender Donner folgte und ___ fielen meine Kontrolllampen aus. „___", rief ich und drehte verzweifelt am Energieschalter. ___ sah ich vor mir eine der fliegenden Scheiben ___ erscheinen. …

wörtliche Rede:
Komm schon
Oh nein
Lass mich nicht im Stich

treffende Verben:

Blitze:	zuckten, rasten, schossen, …
Sturmböe:	packte, fasste, ergriff, …
Meer:	erstrahlte, färbte sich, …
Schaumkronen:	tanzten, ritten, hüpften, …

Vergleiche:
hoch wie Kontinente
groß wie Fußbälle
schwer wie Backsteine

Spannungsmelder:
plötzlich, auf einmal, da, Sekunden später, wie aus dem Nichts

Checkliste: Den Höhepunkt einer Geschichte spannend gestalten
- ✓ treffende Verben
- ✓ passende Adjektive und Vergleiche
- ✓ wörtliche Rede
- ✓ Spannungsmelder

2 Denke dir eine spannende Geschichte über ein Erlebnis auf einem fremden Planeten aus. Schreibe sie auf.

Satzglieder kennen: Ergänzung des Ortes

1 Mit welchen Fragewörtern könnt ihr nach den markierten Satzgliedern fragen?

Plexi | kommt | vom Mars |.
Heute | fliegt | er | zu einer fremden Galaxie |.
Auf seinem Display | sieht | er | plötzlich | ein fremdes Raumschiff |.

2 Wie könnten die markierten Satzglieder heißen?

> **!**
>
> **Ortsergänzungen** sind Satzglieder.
>
> Sie antworten auf die Fragen: **Wo ...? Wohin ...? Woher ...?**
>
> Plexi fliegt jeden Sonntag zum Mond.
>
> **Wohin** fliegt Plexi jeden Sonntag? – zum Mond.

Wo ...? Wohin ...? Woher ...? | Orts-Ergänzung

3 Erfrage die Ortsergänzung in den Sätzen:
Sirius wohnt auf dem Saturn. Wo wohnt Sirius? – auf dem Saturn

Sirius | wohnt | auf dem Saturn |.
Das fremde Raumschiff | kam | plötzlich | aus dem Kometenschwarm |.
In diesen Teil der Galaxie | flog | Linea | selten |.
In der glänzenden Kapsel | saß | ein winziger Außerirdischer |.

4 Schreibe die Sätze auf und markiere alle Satzglieder.

Merax macht einen Ausflug zum großen Sternennebel.
Dort besucht er viele wunderschöne Planeten.
Auf dem Planeten Dertus trifft er seine Freundin Mina.
Merax holt einen Picknickkorb aus seinem Schiff.

Satzglieder kennen: Ergänzung der Zeit

1 Mit welchen Fragewörtern könnt ihr nach den markierten Satzgliedern fragen?

Auf dem Planeten Bekalon startet heute eine große Weltraumparty.
Die Party dauert acht Bekalon Monate.
Der Knoktopus tanzt siebenmal mit der grünen Rupi vom Mars.

2 Wie könnten die markierten Satzglieder heißen?

Zeitergänzungen sind Satzglieder.
Sie antworten auf die Fragen:
Wann ...? Wie oft ...? Wie lange ...? Seit wann ...?
Viele Raumschiffe fliegen morgen nach Bekalon.
Wann fliegen viele Raumschiffe nach Bekalon? – morgen.

Wann ...? Wie oft ...?
Wie lange ...? Seit wann ...?
Zeit-Ergänzung

3 Bilde aus den passenden Fragen und Antworten Aussagesätze. Schreibe sie auf und markiere die Ergänzung der Zeit. Seit drei Wochen bin ich auf der Party.

4 Was wisst ihr nun über Ortsergänzungen und Zeitergänzungen?

Wörter mit s oder ß richtig schreiben

1 Welche Strategie hilft euch, die Wörter richtig zu schreiben? Überlegt gemeinsam.

bei __ t  lie __ t 

2 Sprich die Wörter halblaut. Schreibe sie geordnet auf.

 s: lesen, ...  ß: ...

lesen	Füße	reißen	Nase	draußen	Häuser	beißen	dreißig
Vase	Gräser	gießen	Grüße	Hose	lösen		

3 Mit **s** oder **ß**? Verlängere die Wörter. Schreibe so: heißen – sie heißt, ...

sie hei __ t	er ra __ t	es gie __ t	sie nie __ t	der Prei __	
der Strau __	das Lo __	das Flo __	das Gla __	gro __	sü __

4 Schreibe die Sätze ab. Setze **s** oder **ß** ein:

Mina beschlie __ t, zum Mars zu fliegen.
Nono ist ratlo __ . Ist die Gefahr womöglich zu gro __ ?
Sina genie __ t die Aussicht auf die fünf Sonnen.
Das Wasser im Fluss ist eindeutig türki __ .

5 Finde die vier Fehler bei den Wörtern mit **s** oder **ß**.
Schreibe den Text richtig auf.

Der Mond Salto ist so groß wie ein Fusball. Auf Salto steht eine winzige Burg, vor der ein kleiner Bach fliest. Der König von Salto verreißt nicht gern. Er mag seinen Mond und begrüst jeden freundlich, der sich bei ihm blicken lässt.

Merkwörter mit ä richtig schreiben (M)

1 Warum sind die folgenden Wörter Merkwörter? Tauscht euch aus.

 Käfig  Krähe  Bär

Bei einigen Wörtern mit ä gibt es kein verwandtes
Wort mit a. Man kann sie nicht ableiten.
Deshalb sind es Merkwörter mit ä.

2 Schreibe die Wörter nach dem Abc geordnet auf. Markiere dann **Ä/ä**.

März Träne Käfer Mädchen ungefähr
während Äquator krächzen Säule Geländer

3 Wähle eine Aufgabe aus.

a Schreibe die Wortfamilien geordnet auf:
Spät/spät: verspätet … Lärm/lärm: … Fähig/fähig: …

verspätet Lärm fähig lärmend spät Lärmampel
später lernfähig spätestens Straßenlärm
Fähigkeit verspäten fähiger lärmten arbeitsfähig

b Bilde möglichst viele zusammengesetzte Nomen mit den Wörtern:
Straßenlärm, …

Lärm Verspätung Geländer Krähe Käfer Käfig Säule

c Was erlebt Oxy im Weltraum?
Schreibe Sätze oder einen Text mit den folgenden Wörtern:

Säule sich räuspern Lärm sich verspäten
sich sträuben Fähigkeit Äquator während

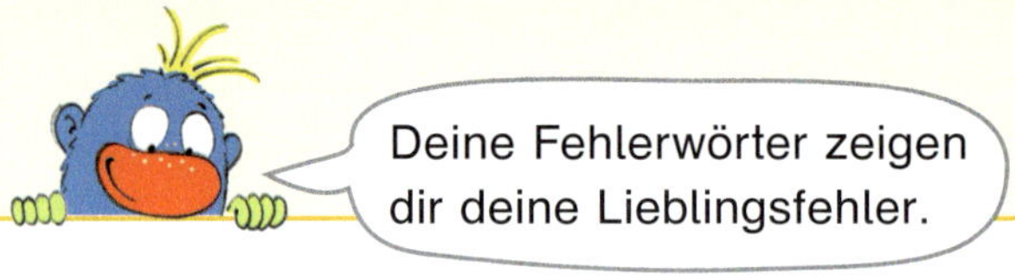

Lieblingsfehler erkennen

Im All unterwegs

Morgen (NT) endlich

An einem sonnigen morgen wollte ich entlich mein neues Raumschiff

ausprobieren. Ich startete und bald tauchte etwas Riesiges vor mir auf. War

(NT)

dieser feuerball ein Meteorit? Erst wurde es heiß, dann hülte mich dunkelheit

ein. Mein Raumschiff wurde fortgerissen und ich ferlor die Orientierung.

1 Ich schaue mir meinen korrigierten Text an.

2 Ich trage die korrigierten Wörter in eine Strategietabelle ein.

Strategietabelle					
hüllen – hüllte	das Ende – endlich	(NT) der Morgen der Feuerball die Dunkelheit	...	(M) ...	verlor

3 Ich zähle, wie viele Fehler ich bei den Strategien gemacht habe.

4 So erkenne ich, wo ich häufig Fehler mache. Auf diese Lieblingsfehler muss ich noch achten.

1 Schau dir den Text an. Welche Lieblingsfehler hat das Kind?

(M) (NT)

Der Himmel verferbte sich, als die glüende Lawa wie ein feuerball

(NT)

emporschoss. Dann floss das gestein aus Quellen ins Tal. Es sah aus

(M)

wie ein Labürinth aus Feuer.

· Lerntechniken zum Trainieren der Rechtschreibkompetenz kennen: Fehlerschwerpunkte finden

· SAH Fö: Teil B, S. 54

· KV: 90

Wörter mit ß
Merkwörter mit ä M

1 Übe die Übungswörter mit der Profikarte.

2 Hier sind drei Wörter falsch geschrieben.
Was muss das Kind noch üben?

> Braxi sperrt das seltsame Wesen in einen Kefig.
> Es macht furchtbaren Lerm.
> Braxi hält sich am Gelender fest.

Wörter mit ß
außen
außerdem
beißen
draußen
dreißig
fließen
gießen
Merkwörter mit ä
das Geländer
der Käfig
der Lärm
sich räuspern
sich sträuben

3 Führt ein Rechtschreibgespräch zu dem Wort beißt.

4 Schreibe den Text in deiner schönsten Schrift ab.
Markiere die Übungswörter in deinem Text.

Bruchlandung
Das Raumschiff schlingert und alle Instrumente blinken. Draußen nähert sich der Untergrund rasend schnell. Nach dreißig Minuten hört der Lärm endlich auf und mit einem Ruck landet Braxi auf dem unbekannten Planeten. Er schließt das kleine Sichtfenster und räuspert sich erleichtert. Wie hat das nur passieren können? Zum Glück hat das Raumschiff die Bruchlandung besser überstanden als gedacht. Braxi misst die Außentemperatur. Es ist beißend kalt. Außerdem scheint ein Teil der Oberfläche flüssig zu sein.
Alles sträubt sich in Braxi. Zum Glück lässt sich das Raumschiff wieder starten und Braxi kann seine Reise fortsetzen.

5 Schreibe Sätze mit diesen **kleinen Wörtern**. während nur als

Texte spannend schreiben

1 Wähle eine Aufgabe aus.

a Schreibe den Geschichtenausschnitt ab.
Unterstreiche die Spannungsmelder.

> … Wie aus dem Nichts raste plötzlich ein Meteoritenschwarm auf mich zu. Blitzschnell versuchte ich, das Raumschiff herumzureißen. Doch es war zu spät. Ich musste durch den Schwarm fliegen. Sekunden später war ich von Meteoriten umgeben. …

b Gestalte den Geschichtenausschnitt noch spannender.
Schreibe ihn mit Spannungsmeldern auf.

> … Ich setzte meinen Fuß auf die Planetenoberfläche. Ich hörte ein Geräusch. Unzählige silberne Flugobjekte kamen auf mich zu. Ich war umzingelt. Was sollte ich tun? Da ertönte eine krächzende Stimme: „Das Betreten des Planeten ist verboten!“ Das war ja seltsam. Wer auch immer in diesen Raumschiffen saß, schien meine Sprache zu sprechen.

c Schreibe die Geschichte spannend weiter.

> Seit drei Jahren war ich mit Doro und dem Roboter Heini bereits unterwegs, um fremde Welten zu erforschen.
> Wir wollten nur noch diesen seltsamen grünen Planeten erkunden und dann wieder zur Erde fliegen.
> Ich gab den Befehl, den Landevorgang zu starten.
> Da veränderte der Planet plötzlich seine Farbe. …

Schreibe auf: Ich bin fit! ☺ Ich trainiere weiter. 😐

- strategiegeleitet Texte spannend schreiben
- eigenen Lernerfolg reflektieren

- SAH Fö: Teil B, S. 57

- ÜH: S. 65

Merkwörter Ä/ä richtig schreiben M

1 Wähle eine Aufgabe aus.

a Schreibe den Text ab. Unterstreiche alle Merkwörter mit **Ä/ä**.

Es war an einem schönen Tag im März.
Ida lief mit großen Schritten über den Äquator.
Ja, ihr dürft euch nicht wundern. Auf Aquarius
ist der Äquator ein breiter silberner Steg mit
einem Geländer. In der Hand hielt Ida einen
Käfig, in dem eine große schwarze Krähe saß.
Sie krächzte böse, aber es nützte nichts. „Sei
nicht wütend", sagte Ida, „wenn wir die Säule
erreicht haben, lasse ich dich wieder raus."
Damit schien die Krähe zufrieden zu sein.

b Welche der folgenden Wörter sind Merkwörter, welche nicht.
Schreibe die Wörter geordnet auf. Begründe deine Entscheidung.

Merkwörter: … keine Merkwörter: … Begründung: …

Säule gefährlich sich räuspern kämmen Häuser Lärm
Fähre sich verspäten sich sträuben ängstlich Bär
ergänzen Fähigkeit Äquator Fußgänger während

c Schreibe eine Weltraum-Geschichte
mit möglichst vielen Merkwörtern
mit **ä**.

Schreibe auf: Ich bin fit! 🙂 Ich trainiere weiter. 😐

· Rechtschreibstrategie anwenden:
Merkwörter mit ä
· eigenen Lernerfolg reflektieren

· ÜH: S. 65

Alles Werbung?!

1 Wo entdeckt ihr Werbung auf dem Bild? Tauscht euch aus.

2 Wo ist dir heute schon Werbung begegnet? Erzähle.

3 Was ist das Ziel von Werbung? Warum sollte man nicht alles glauben, was in Werbung geschrieben oder gesagt wird?
Mit Werbung soll erreicht werden, dass … Das Ziel von Werbung ist, dass …
Durch Werbung … Man sollte nicht alles glauben, weil …

· beschreiben, berichten, Meinung einbringen, Werbung kritisch reflektieren
· Analysieren und Reflektieren

· SAH Fö: Teil C, S. 6

· KV: 94

Zuhören und auf Gesprächsbeiträge eingehen

1 Worüber sprechen die Kinder?

Ich bin der Meinung, dass das Quieselmüsli wegen der bunten Sprüche häufiger gekauft wird.

Du meinst also, dass die bunte Schrift auf der Verpackung die Käufer beeinflusst?

Nein, ich habe gemeint, dass die Sprüche sehr lustig sind. Darum wird das Müsli häufiger gekauft.

2 Welche Karte passt zu welcher Sprechblase? Tauscht euch aus.

Meinung äußern | nachfragen | Meinung erklären

3 Warum ist es in Gesprächen manchmal gut, beim Nachfragen die Meinung anderer mit eigenen Worten zu wiederholen? Erklärt.

4 Welches Müsli aus Aufgabe 1 wird häufiger gekauft? Führt ein Gespräch. Haltet euch an den Ablaufplan.

Ablaufplan: Zuhören und auf Gesprächsbeiträge eingehen:
1. Meinung äußern: Ich bin der Meinung, dass …,
2. nachfragen: Du meinst also, dass … Ich habe verstanden, dass …
3. Meinung erklären: Du hast mich richtig verstanden. Ich meine … Nein, das habe ich anders gemeint.

5 Führt ein Gespräch zu einer anderen Aussage:

In der Werbung wird vieles besser dargestellt, als es in Wahrheit ist.

Kinder werden nicht von Werbung beeinflusst.

- eigene Meinung ausdrücken
- verstehend und aktiv zuhören
- Hörstrategien kennen und nutzen

- SAH Fö: Teil C, S. 7

- KV: 95, 96

Werbeplakat planen und Werbespruch schreiben

1 Die Kinder formulieren ihr Schreibziel für ein Werbeplakat.
Ordne die Antworten den Fragen zu. Schreibe auf.

Fragen	Antworten
Für wen?	Werbetricks nutzen: Werbespruch, Bilder, auffällige Gestaltung
Was wollen wir schreiben?	Wir wollen auf unsere Produkte aufmerksam machen und diese verkaufen.
Was möchten wir erreichen?	für alle Besucher auf dem Schulfest
Wie können wir unser Plakat aufbauen?	ein Werbeplakat über unser Gemüse und unsere Kräuter aus dem Schulgarten

2 Welche Merkmale findet ihr in Werbesprüchen? Tauscht euch aus.

Heute auf dem Frühstückstisch!
Gesunde Gurken
und du wirst frisch!

Kräftige Kinder können alles!
Dank Kräutern, Kopfsalat und Karotten!

Tolle Tomaten, cooler Kohl,
frische Kräuter tun dir wohl!

Checkliste:
Einen Werbespruch schreiben
- ✓ gleiche Anfangsbuchstaben
- ✓ Reime
- ✓ Adjektive
- ✓ Versprechen

· Schreibziel: Schreibabsicht und Verwendungszusammenhang klären, Merkmale von Werbesprüchen beschreiben

· SAH Fö: Teil C, S. 8, 9
· KV Fö/FO
· 59

· ÜH: S. 66
· KV: 97, 98

Ein Werbeplakat erstellen

1 Für welches Produkt würdet ihr gerne werben? Tauscht euch aus.

2 Entscheide dich für ein Produkt.
Formuliere das Schreibziel für dein Werbeplakat.

So kann ich ein **Schreibziel** formulieren:
Ich überlege:
- Für wen schreibe ich?
- Was schreibe ich?
- Was möchte ich erreichen?
- Wie kann ich den Text aufbauen?

3 Überlege dir Werbesprüche zu deinem Produkt.
Denke an die Merkmale von Werbesprüchen.

4 Erstelle selbst ein Werbeplakat zu deinem Produkt.
Überprüfe mit der Checkliste.

Checkliste: Werbeplakat erstellen
✓ regt an, das Produkt zu kaufen
✓ passender Werbespruch:
gleiche Anfangsbuchstaben
Reime, Adjektive, Versprechen
✓ passende Bilder, Farben und Schrift

- Text- und Präsentationsform strategiegeleitet und kriterienorientiert gestalten: Werbeplakat
- Produzieren und Präsentieren

- SAH Fö: Teil C, S. 8, 9
- KV Fö/FO

- KV: 99

Wortbausteine können die Wortart ändern

1 Woran hat Wilma erkannt, zu welcher Wortart die Fantasiewörter gehören?

Nomen	Verben	Adjektive
Hulsenkeit	ädulieren	kundelbar
Mindelung	jadulieren	nesulhaft

Manchmal erkennt man die Wortart an den Wortbausteinen.
Nomen: -ung, -heit, -keit, -nis, -tum, -schaft. Verben: -ieren.
Adjektive: -isch, -sam, -haft, -bar, -los, -lich, -ig.

2 Schreibe die Wörter geordnet auf.

Nomen	Verben	Adjektive
Faulheit	...	...

ZAUBERHAFT FAULHEIT NEIDISCH BELOHNUNG MARKIEREN
GEHEIMNIS PROBIEREN NUMMERIEREN WUNDERSAM

3 Bilde aus den Nomen Verben mit -ieren: die Nummer – nummerieren, ...

die Nummer, der Spion, das Telefonat, der Fotograf
die Kasse, der Marker, der Applaus, die Frisur

4 Bilde aus den Nomen sinnvolle Adjektive mit den Endbausteinen -ig, -lich, -isch, -sam, -haft, -bar, -los: das Glück – glücklich

das Glück, die Geduld, der Traum, die Sprache, das Wunder
der Wunsch, der Automat, die Freude, der Punkt, der Tag

- Möglichkeiten der Wortbildung kennen
- grammatisches Wissen für Rechtschreibung nutzen: mit Wortbausteinen arbeiten

- SAH Fö: Teil C, S. 10
- KV Fö/FO · RS: S. 13
- 60

- KV: 100

Wörter zusammensetzen

1 Warum ist diese Radiowerbung nicht gelungen? Tauscht euch aus.

2 Verändert das markierte Wort aus Aufgabe 1 so, dass Lotte genau weiß, für welches Produkt geworben wird.

> Zusammengesetzte Wörter beschreiben genauer, was gemeint ist:
> hüpfen + der Sack = der Hüpfsack
> schlafen + der Sack = der Schlafsack
>
> Bestimmungswort → Schlaf; Grundwort → sack

3 Bilde zusammengesetzte Wörter. Schreibe sie auf:
süß + die Kartoffel = die Süßkartoffel, …

süß	kühl	faul
waschen	braun	wandern
spielen	backen	turnen
lesen	hoch	treten

der Bär	die Schuhe	der Platz
das Tier	der Roller	das Becken
der Ofen	die Stange	der Schrank
das Haus	die Kartoffel	das Buch

4 Suche die Wörter in der Wörterliste oder im Wörterbuch.
Schreibe so: Turnhalle = turnen (Seite:) + die Halle (Seite:)

Turnhalle	Werkzeug	Tretboot	Kühlbeutel
Stinktier	Schnellzug	Brennnessel	Bestellliste

Zusammengesetzte Adjektive verwenden

1 Untersucht die Adjektive. Was fällt euch auf?
Warum nutzt die Werbung diese besonderen Adjektive?

2 Schreibe die gegenteiligen Adjektive geordnet auf: hellwach – hundemüde, …

hellwach	nagelneu	hundemüde	klitschnass
steinreich	staubtrocken	uralt	bettelarm
steinhart	rabenschwarz	butterweich	schneeweiß

3 Bilde zusammengesetzte Adjektive: so stark wie ein Bär = bärenstark,

stark wie ein Bär	gelb wie eine Zitrone	klar wie ein Stern
hart wie ein Hammer	fromm wie ein Lamm	glatt wie ein Spiegel

4 Mit welchen Adjektiven würdet ihr für diese Produkte werben?
Schreibt Werbesprüche zu diesen Produkten.

Hoverboard

leuchtende Schuhe mit Rollen

Zahnpasta mit Kaugummigeschmack

Slackline

· begründen und erklären
· Möglichkeiten der Wortbildung kennen und anwenden: Adjektivkomposita

· SAH Fö: Teil C, S. 12
· KV Fö/FO
· 62

· ÜH: S. 68
· KV: 101, 102

Nomenprobe mit Adjektiv N↑

1 Macht die Nomenprobe mit Adjektiv.
Warum wird **MALEN** im zweiten Satz großgeschrieben? Tauscht euch aus.

Lea **malt** gerne Plakate.   Das **Malen** der Plakate mag Lea gerne.

Manchmal werden auch Verben zu Nomen.
Wenn du ein Adjektiv mit Endung vor ein Wort setzen kannst, dann schreibst du das Wort groß (Nomenprobe mit Adjektiv).
Lea | mag | das lustige **Malen** der Plakate | .

2 Schreibe die Sätze ab. Setze vor jedes Nomen ein Adjektiv.

Die Kinder | haben | Spaß | beim Spielen | .

Das Laufen | in den Schuhen | ist | supercool | .

3 Verb oder Nomen? Mache die Nomenprobe mit Adjektiv.
Setze das Wort passend ein. Achte auf die Großschreibung der Nomen.
Solveig schreibt den Werbetext. Das Schreiben macht ihr Spaß.

Solveig ___ den Werbetext.
Das ___ macht ihr Spaß.
} (SCHREIBEN)

Ole ist beim ___ besonders kreativ.
Er ___ unsere Werbung.
} (GESTALTEN)

Max und ich ___ das Werbebild.
Vom ___ sind unsere Hände bunt.
} (MALEN)

Wir ___ das Plakat auf dem Schulfest.
Gemeinsam üben wir das ___.
} (PRÄSENTIEREN)

Wörter mit h an der Silbengrenze

1 Was haben die Wörter gemeinsam?
Verwendet die Begriffe im Kasten.

drehen näher Schuhe früher Krähe

silbentrennende h Selbstlaute (a, e, i, o, u) oder Umlaute (ä, ü, ö)
verwandte Wörter Verlängern Silbengrenze

2 Finde eine Verlängerung zu den Wörtern.
Schreibe die Wortpaare auf: er droht – drohen

er droht	die Kuh	sie mäht	das Reh	sie steht
der Zeh	früh	der Floh	es flieht	er zieht

3 Suche zu jedem Wort das verwandte Nomen: drehen – die Drehung

drehen ruhen nähen höher nah

4 Schreibe die Sätze mit Wörtern, die ein **h** an der Silbengrenze haben. Markiere das **h**.

Ist die Ampel rot, bleibe ich ___.
Im Frühling werden die Blumen ___.
Nicht weit weg, sondern sehr ___.
An meinen Füßen habe ich zehn ___.

5 Warum werden die Wörter Schuhschrank und Glühwürmchen mit h geschrieben? Erklärt.

· Rechtschreibstrategien anwenden: Silben schwingen und Verlängern bei Wörtern mit silbeninitialem h

· SAH Fö: Teil C, S. 15
· KV Fö/FO · RS: S. 4
· 64

· ÜH: S. 70
· KV: 104

Merkwörter mit C/c und mit Ph/ph M

1 Schlage die Wörter im Wörterbuch nach und schreibe sie auf:
das Cello (S. XX), …

2 Schreibe die Wörter aus Aufgabe 1 nach dem Abc geordnet auf.

3 Schreibe mit jedem Wort aus Aufgabe 1 einen Satz.

4 Sprecht die Wörter Cello und Cent. Was fällt euch auf?

5 Schreibe die Fremdwörter mit der passenden Erklärung zusammen auf. Markiere **Ph/ph**.

In manchen Wörtern sprichst du f, schreibst aber ph. Diese Wörter musst du dir merken.

ein Gedichtabschnitt

schweres Unglück

ein Erfolg

Wissenschaft, die die Gesetze der Natur erforscht

in einer festgelegten Reihenfolge angeordnete Buchstaben

die Katastrophe
die Strophe
die Physik
das Alphabet
der Triumph

6 Schreibe jedes Fremdwort mit **Ph/ph** aus Aufgabe 5 viermal mit verschiedenen Farben.

7 Wähle drei Wörter aus Aufgabe 5 aus. Schreibe eine kurze Geschichte.

Im Wörterbuch nachschlagen

1

das Lexikon

die Lexika

Nomen schlage ich in der Einzahl nach. Hinter der Einzahl steht die Mehrzahl der Nomen.

2

der? die? das?

der Radiergummi

Den Artikel schlage ich bei der Einzahl des Nomens nach. Er steht vor dem Nomen.

3

am höch/ksten?

hoch – höher – am höchsten

Adjektive schlage ich in der Grundform nach. Hinter der Grundform stehen die beiden Vergleichsstufen.

4

er schwamm/m?

schwimmen, er schwimmt,
er schwamm,
er ist geschwommen

Verben schlage ich in der Grundform nach. Hinter der Grundform stehen eine Personalform und die beiden Vergangenheitsformen.

5

blitzschnel / ll ?

= der Blitz + schnell

Zusammengesetzte Wörter muss ich zuerst zerlegen. Dann schlage ich jedes Wort einzeln nach.

6

der Komputer? der Computer?

Wase? Vase?

Wenn ich ein Wort nicht finden kann, überlege ich, ob der erste Laut noch ein anderer Buchstabe sein könnte.

1 Suche die Wörter im Wörterbuch. Schreibe auch die Seitenzahl auf.

Globen   besser   aβ   am kürzesten   Vulkan

Wörter mit h an der Silbengrenze
Merkwörter mit C/c und Ph/ph

1 Übe die Übungswörter mit der Profikarte.

2 Suche die Übungswörter mit **Ph/ph** im Wörterbuch.
Schreibe sie mit der Seitenzahl auf.

3 Führt ein Rechtschreibgespräch zu dem Wort der Dreh .

4 Schreibe den Text in deiner schönsten Schrift ab.
Markiere die Übungswörter in deinem Text.

W

Wörter mit h an der Silbengrenze
frü**h**er
hö**h**er
die Schu**h**e
ste**h**en
Merkwörter mit C/c
der **C**ent
der **C**lown
der **C**omic
der **C**omputer
Merkwörter mit Ph/ph
das Al**ph**abet
die Katastro**ph**e
die **Ph**ysik
die Stro**ph**e

Clown Webi

Tom ist begeistert von Comics. Manchmal darf er sich in seinem Lieblingsladen für zwei Euro und 99 Cent ein neues Heft aussuchen.
Seine Lieblingsgeschichten handeln von Webi dem Clown, der sich jedes Mal in ein neues Abenteuer stürzt.
Meist enden diese in einer Katastrophe. Neulich fuhr er mit seinen großen Schuhen einen hohen Berg hinunter, weil er seine Skier vergessen hatte. Dadurch löste er zu seinem Unglück eine gewaltige Lawine aus, die unaufhaltsam ins Tal donnerte und ein absolutes Chaos hinterließ.
Was passiert wohl beim nächsten Mal?
Gespannt wartet Tom an seinem Computer auf die Werbung, die die neue Ausgabe ankündigt.

5 Schreibe Sätze mit diesen **kleinen Wörtern**.

für an die zu ins

- Lern- und Arbeitstechniken nutzen
- methodisch sinnvoll abschreiben
- Wörter des Grundwortschatzes

- SAH Fö: Teil C, S. 19, 20
- KV Fö/FO

- ÜH: S. 72
- KV: 107–109, 157–160

Zusammengesetzte Wörter bilden

1 Wähle eine Aufgabe aus.

a Setze die Wörter zusammen. Schreibe so:
liegen + der Stuhl = der Liegestuhl, …

liegen	+	der Stuhl	der Spiegel	+	glatt
der Nagel	+	neu	der Blitz	+	blank
hoch	+	das Haus	hoch	+	begabt
das Wunder	+	schön	soft	+	das Eis

b Bilde zusammengesetzte Wörter mit:

ARM FEDER ALT

c Welche Wortarten könnt ihr zusammensetzen.

Nomen Verb Adjektiv

Finde jeweils ein Beispiel. Schreibe so:
Nomen + Nomen: der Baum + das Haus = das Baumhaus
Verb + Nomen: …
Nomen + Adjektiv: …
…

Schreibe auf: Ich bin fit! ☺ Ich trainiere weiter. 😐

- Möglichkeiten der Wortbildung kennen: Nomen- und Adjektivkomposita
- den eigenen Lernerfolg reflektieren

- SAH Fö: Teil C, S. 21

- ÜH: S. 73, 75

Wörter mit h an der Silbengrenze

1 Wähle eine Aufgabe aus.

a Schreibe die Wortpaare geordnet auf.
Zeichne Silbenbögen und markiere das **h**.

er geht sie leiht das Reh es dreht der Zeh der Schuh
ihr seht früh der Floh es blüht froh

gehen leihen die Rehe drehen die Zehe die Schuhe
sehen früher die Flöhe blühen froher

b Finde jeweils vier verwandte Wörter. Schreibe so:
nähen: die Naht, …

nähen ruhen drohen gehen sehen sprühen glühen

c Was unterscheidet die beiden Wortgruppen?
Finde weitere Beispiele. Schreibe eine Erklärung auf.

stehen	nehmen
glühen	Zähne
Schuhe	bohren
Zehe	fahren

Schreibe auf: Ich bin fit! Ich trainiere weiter.

Unser Umwelttag

Aktion 1 – Ein Schulhof ohne Müll!

Aktion 2 – Aktion Wildblumenwiese – Artenschutz geht alle an!

Aktion 3 – Insektenhotel

Aktion 4 – Müll weiterverwenden (Upcycling)

1 Welche Aktionen haben die Kinder für ihren Umwelttag ausgewählt? Beschreibt.

2 Welche anderen Aktionen fallen euch zum Thema Umweltschutz ein?

- funktionsangemessen sprechen: genau beschreiben und erzählen
- sich an Gesprächen beteiligen

- SAH Fö: Teil C, S. 24

Informierend sprechen

1 Über welche Aktionen berichten die Kinder? Tauscht euch aus.

Hallo zusammen,
was da an der Burgschule gemacht wurde, war einfach richtig klasse. Die haben mal ihren Schulhof aufgeräumt und für jeden Tag Kisten für den gesammelten Müll bereitgestellt. Der Müll wurde mit roten Greifzangen beseitigt.
Ich finde, das ist eine gute Idee. Aber meiner Meinung nach hätten sie das auch schon eher mal machen können.

Hallo zusammen,
ich möchte euch von einer Aktion des heutigen Umwelttages berichten. Er fand vormittags an der Burgschule statt. Die Kinder hatten aus einer alten Kiste und einigen Brettern ein Haus für Insekten gebaut. Pflanzenstängel wurden zu Zimmern für Wildbienen. Räume aus Holzwolle oder Zapfen waren für Marienkäfer und Ohrwürmer gedacht. So sollten Nisthilfen für Insekten geschaffen werden. Insekten sind wichtig für die Bestäubung und Fortpflanzung von Pflanzen.

2 Durch welchen Bericht erhältst du genauere Informationen?
Was fand wann und wo statt?
Welche Aktion wurde durchgeführt?
Was sollte mit der Aktion erreicht werden?

3 An welchen Stellen äußert Lale ihre eigene Meinung?
Sind das wichtige Informationen? Tauscht euch aus.

4 Berichte selbst über eine Umweltaktion.

Ich möchte euch … berichten.	Die Aktion fand … statt.
Für die Umwelt wurde …	Sie wollten damit erreichen, dass …

· informierend und adressatenorientiert sprechen, wichtige und unwichtige Informationen unterscheiden

· SAH Fö: Teil C, S. 25
· KV Fö/FO

· KV: 110

Einen Bericht für die Homepage schreiben

1 Wie hat Dario seinen Bericht für die Homepage geplant? Erklärt.

Überschrift:

Aktion: Ein Schulhof ohne Müll

Einleitung:

Was? Müll sammeln

Wann? in dieser Woche, täglich in der Pause

Wo? auf dem Schulhof

Wer? die Kinder der Aktion

Hauptteil:

Das fand statt:

- Müll mit Greifzangen gesammelt
- Müllmenge eines Tages in einen Karton gegeben
- Karton mit Datum beschriftet
- alle Müllkartons ausgestellt

Schluss:

Das Ergebnis:

- die Menge des gesammelten Mülls nahm ab
- ~~das fand ich total gut!!!~~
- Alle achteten nun auf ihren Abfall.

2 Warum hat Dario einen Stichpunkt durchgestrichen?

3 Schreibe Darios Bericht vollständig auf. Achte auf die Checkliste.

In dieser Woche sammelten die Kinder der Aktion **Ein Schulhof ohne Müll** täglich in der Pause den Müll auf dem Schulhof.
Der Müll wurde mit Greifzangen gesammelt. Die tägliche Müllmenge wurde in einen Karton gegeben. Die Kartons …

Checkliste: Einen Bericht schreiben

- ✓ Überschrift
- ✓ Einleitung: Was? Wann? Wo? Wer?
- ✓ Hauptteil: Was genau fand statt?
- ✓ Schluss: Was ist das Ergebnis der Aktion?
- ✓ die eigene Meinung vermeiden
- ✓ die Zeitform beibehalten
- ✓ für andere verständlich

Einen Bericht überarbeiten

1 Lest den Bericht. Überprüft ihn mit der Checkliste zum Bericht.

Aktion: Wildblumen

Schon im Frühjahr informierte sich die Aktionsgruppe
Wildblumen über das Anlegen einer Blumenwiese.
Die Kinder steckten einen Bereich für die Aktion ab. X1 X1
Sie lockern den Boden und harken das Saatgut ein. In den T T
nächsten vier Wochen hielten sie den Boden feucht und X2
beobachteten das Wachstum. Das fand ich furchtbar langweilig. X2
Bald wuchsen Klee, Klatschmohn, Kornblumen, Gräser und
sogar einige Löwenmäulchen. Das sah richtig toll aus! X3 X3
Auch in den Betonring auf dem Schulhof hatte die Gruppe
Wildblumen gesät.
An der Pinnwant im Flur wurde die Aktion begleitet. R
Ohne Insekten – kein Obst und Gemüse und keine Blumen
war die Überschrift. In jeder Woche hängen die Kinder der T
Aktion eine neue Pflanzenkarte auf. Sie enthielt Informationen
zur Pflanze und die Insekten. Fiele Kinder informierten sich SF R
und stellten Fragen Zur Freude der Aktionsgruppe legten einige Z
Kinder zuhause ein Wildblumenbeet an.

2 Verbessere die Fehler, die mit R, SF oder Z gekennzeichnet wurden.
Zeile 4, T: lockerten, …

3 Schreibe Verbesserungstipps zu den anderen Fehlern, die mit X gekennzeichnet wurden:
Zeile 3, X1: Wo genau soll die Blumenwiese …

Korrekturzeichen
R = Rechtschreibfehler
SF = Sprachfehler
T = Zeitfehler
Z = Zeichenfehler
X = anderer Fehler

4 Wähle eine Aufgabe aus.

a Schreibe den Bericht überarbeitet auf.

b Schreibe einen Bericht über eine andere Aktion.

· Text an Schreibaufgabe überprüfen und verbessern
· Text ziel- und kriterienorientiert schreiben

· SAH Fö: Teil C, S. 27
· 70

· ÜH: S. 76
· KV: 111, 112

Das grammatische Geschlecht von Nomen erkennen: männlich, weiblich oder sächlich?

1 Welches grammatische Geschlecht haben die Nomen?
Man erkennt es am bestimmten Artikel (Begleiter). Tauscht euch aus.

- ▭ Heupferd
- ▭ Wurm
- ▭ Biene

Nomen haben ein **grammatisches Geschlecht**. Das erkennt man am bestimmten Artikel (Begleiter): der Schmetterling – männlich
die Fliege – weiblich
das Huhn – sächlich.

2 Ordne die Nomen nach ihrem grammatischen Geschlecht:
männlich: der Hahn, … weiblich: … sächlich: …

der Hahn	das Kind	die Blumenwiese	das Pferd
die Liste	der Freund	die Hummel	der Regen
das Gewitter	das Lied	die Raupe	der Mond

3 Finde zu jedem grammatischen Geschlecht fünf Nomen.
Schreibe sie geordnet auf: männlich: der …

4 Finde Nomen, die auf -**schaft**, -**tum** oder -**ling** enden.
Schreibe sie mit Artikel.
Was fällt dir auf?

Nomen in den vier Fällen kennenlernen

1 Welches Nomen mit Artikel passt zu welcher Sprechblase?
Tauscht euch aus.

der Bach

dem Bach

des Baches

den Bach

- Heute um 15 Uhr treffen wir uns an ___
- Das Wasser ___ ist voller Pflanzen.
- Ist es gefährlich in ___ zu steigen?
- Nein, ___ ist nicht sehr tief.

Nomen können in vier Fällen stehen. Je nach Fall und grammatischem Geschlecht verändern sich im Satz das Nomen und sein Artikel (Begleiter). Das grammatische Geschlecht erkennst du nur im 1. Fall (Wer-oder-was-Fall).

Fall	männlich	weiblich	sächlich
1. Fall: **Wer-oder-was-Fall** (Nominativ)	**der** Frosch	**die** Fliege	**das** Kind
2. Fall: **Wessen-Fall** (Genitiv)	**des** Frosches	**der** Fliege	**des** Kindes
3. Fall: **Wem-Fall** (Dativ)	**dem** Frosch	**der** Fliege	**dem** Kind
4. Fall: **Wen-oder-was-Fall** (Akkusativ)	**den** Frosch	**die** Fliege	**das** Kind

2 Schreibe die Sätze ab.
Setze das Nomen mit dem passenden Artikel ein: Biene

Wer-oder-was-Fall:	Schnell fliegt ___ zu einer Blüte.
Wessen-Fall:	An den Beinen ___ sind gelbe Pollen.
Wem-Fall:	Mia schaut ___ beim Sammeln des Nektars zu.
Wen-oder-was-Fall:	Dann sieht sie ___ zur nächsten Blüte fliegen.

Satzbildung mit Bindewörtern kennenlernen

1 Lest die Sätze. Was fällt euch auf?

Ich suche die Gießkanne. Ich **sehe** sie nicht.
Ich suche die Gießkanne, **aber** ich **sehe** sie nicht.
Ich suche die Gießkanne, **weil** ich sie nicht **sehe**.

Sätze kann man mit einem **Bindewort** verbinden.
Vor Bindewörtern wie aber, weil, wenn, als, denn, obwohl steht ein Komma.
Ich suche meine Tasche. Ich **gehe** nach Hause.
Ich suche meine Tasche, denn ich **gehe** nach Hause.
Ich suche meine Tasche, weil ich nach Hause **gehe**.

2 Schreibe die Sätze ab. Markiere das Bindewort und das Komma.

Lara holt ihr Handy, denn sie will ein Foto machen.
Ich habe nicht zugehört, als ich eine Aufgabe bekam.
Kim kann nicht mitspielen, weil sie zum Arzt muss.

3 Schreibe den Satz mit dem Bindewort auf. Achte auf das Komma.

Enno ist froh, ▭ er heute keine Hausaufgaben machen muss. (weil)
Er will mit Jan zur Wiese, ▭ Insekten zu fotografieren. (um)
Jan nimmt eine Kamera mit, ▭ sein Handy gute Bilder macht. (obwohl)
Er will die Bilder vergrößern, ▭ er ein Plakat erstellen kann. (damit)

4 Schreibe die Sätze mit dem Bindewort auf: Mia rennt nach Hause, weil …

Mia rennt nach Hause. Sie will ein Insektenhotel bauen. (weil)
Emma beobachtet Hummeln. Es beginnt zu regnen. (als)
Hummeln kriechen in eine Blüte. Sie an den Nektar kommen. (damit)

- Möglichkeit der Satzverbindung kennen
- Bedeutung und Funktion der Bindewörter kennen und Komma setzen

- SAH Fö: Teil C, S. 31
- KV Fö/FO
- 73

- ÜH: S. 79
- KV: 116, 117

Satzbildung mit Bindewörtern kennen

1 Wähle eine Aufgabe aus.

a Schreibe den Satz mit dem Bindewort auf. Achte auf das Komma.

Lina schaut aus dem Fenster ▬ sie auf Sandra wartet. (weil)
Sie zieht die dicke Jacke an ▬ es draußen sehr warm ist. (obwohl)
Paul setzt seine Brille auf ▬ er besser sehen kann. (damit)
Er erschrickt ▬ eine dicke Hummel auf ihn zufliegt. (als)
Die Hummel sucht nach Nektar ▬ sie hat Hunger. (denn)

b Verbinde die Sätze mit passenden Bindewörtern.
Schreibe die Sätze auf. Setze das Komma.

denn weil damit obwohl trotzdem

Wir sammeln Ideen zum Umweltschutz.
Wir wollen eine Ausstellung machen.

Einige Kinder bauen Nistkästen.
Den Vögeln stehen Nisthilfen zur Verfügung.

Nistkästen sind auch im Winter wichtig.
Sie werden dann nicht zum Nisten gebraucht.

Vögel brauchen kein Wohnhaus.
Sie freuen sich über ein trockenes Schlafzimmer.

c Wie kann der Satz weitergehen? *Lisa lacht, …*
Schreibe mit jedem Bindewort einen Satz.

nachdem damit als wenn während obwohl aber

Wörter richtig trennen

1 Schaut euch die Heftseite an.
Was möchtet ihr ändern?

Viele Wörter kannst du trennen.
Dann musst du einen **Trennstrich** setzen.

Wasserverbrauch
Wie viel Wasser du verbrauchst,
hängt auch davon ab,
ob du den Wasserhahn
beim Zähneputzen laufen
lässt. Aus dem laufenden
Wasserhahn fließen pro
Minute etwa 8 Liter Wasser.

2 Was weißt du noch über die Trennregeln?
Schreibe die vier Regeln auf.

vor   einer   Wortanfang   Silben

Trennregeln:

1 Wörter trennt man nach ___: Was-ser-ver-brauch.
2 Man trennt Wörter ___ ch, ck, und sch:
Wasch-be-cken, Be-cher, Fla-sche.
3 Wörter mit ___ Silbe trennt man nicht: süß, Ast.
4 Einzelne Selbstlaute am ___ und Wortende trennt man nicht ab:
Oma, Ana-nas.

3 Wende die Trennregeln an.
Schreibe die Wörter mit möglichen Trennstrichen auf: Was-ser-hahn, …

Wasserhahn   Wald   Umweltschutz   Brot   Plastikmüll   Huhn
Olympia   Handwaschbecken   Maus   Igel   Plastikflasche
Ameise   Weg   Joghurtbecher   schmecken   Oma
Tragetasche   backen   Baum   Zahnbürstenhalter

4 Schreibe den Text von Aufgabe 1 in dein Heft.
Halbiere die Heftseite. Wende die Trennregeln am Zeilenende an.

· Regeln der Trennung am Zeilenende kennen und verwenden

· SAH Fö: Teil C, S. 33, 34
· KV Fö/FO
· 74, 77

· ÜH: S. 80
· KV: 118

Merkwörter mit ai und dt (M)

1 Welche Stellen in dem Satz der Woche sind schwierig? Tauscht euch aus.

2 Schreibe die Merkwörter mit **ai** und **dt** geordnet auf. Markiere die schwierige Stelle.
ai: Violinensaite, ...

Violinensaite		Mais	Großstadt	Kaiser
Stadtverkehr	Laie	Verwandter	Hai	Taifun
Brotlaib	verwandt	Waisenkind		Verwandtschaft

3 Schreibe Sätze mit diesen Wörtern. Markiere den Wortstamm STADT.
Altstadt: In der Altstadt gibt es viele schöne Häuser.

Altstadt	Stadtplan	Stadttor	städtisch
Hauptstadt	Stadtfest	stadtbekannt	Stadtführung

4 In jedem Satz ist ein Fehler. Schreibe die Sätze richtig auf.

Der Teifun ist ein starker Sturm.
Ali lädt Freunde und Verwante zum Geburtstag ein.
Bei meiner Gitarre ist eine Seite gerissen.
Mit meinem Cousin bin ich verwant.

So kann ich Wörter mit verschiedenen schwierigen Stellen üben.

Training für Rechtschreibprofis

1

Die Klasse macht einen ausflug.

Die Klasse macht einen tollen
N↑
Ausflug.

Die Großschreibung von Nomen kann ich mit der Nomenprobe mit Adjektiv üben.

2

renen (n)
kennen
Wanne
Sonne
innen

Wörter mit doppeltem Mitlaut kann ich mit Listen üben.

3

Zeltplatz

Zelplatz (lt)

Wörter mit vielen Mitlauten kann ich schwingen und deutlich sprechen.

4

bezalen (h) M

bezahlen
Zahl
zählen
zählt

Merkwörter kann ich mit Wortfamilien üben.
Dann schreibe ich die schwierige Stelle ganz oft.

1 Verbessere die durchgestrichenen Wörter.
Trainiere wie ein Rechtschreibprofi.

Ausflug zum Bibersee

Wir haben zuerst eine ~~fahrt~~ mit dem Bus gemacht. Dort ~~schwamen~~ wir, bis uns kalt wurde. Vom Zeltplatz nebenan gesellten sich noch ein paar Kinder zu uns. Sie ~~erzälten~~ uns von ihrem ~~Umweltpojekt~~.

- passende Lern- und Übungsformen zum Training der Rechtschreibkompetenz kennen und selbstständig nutzen

- SAH Fö: Teil C, S. 36

Merkwörter mit ai und mit dt M

Wörter mit ai
der Brotlaib
der Froschlaich
die Gitarrensaite
der Hai
der Kaiser
der Laie
der Mai
der Mais
Wörter mit dt
die Stadt
verwandt
der Verwandte
die Verwandtschaft

1 Übe die Übungswörter mit der Profikarte.

2 Übe die Wörter Verwandter und Stadtführung wie ein Rechtschreibprofi.

3 Führt ein Rechtschreibgespräch zu dem Wort Stadtteil .

4 Schreibe den Text in deiner schönsten Schrift ab. Markiere die Übungswörter in deinem Text.

Auf dem Land
Gestern fuhren einige Kinder aus der Stadt aufs Land. Lea hatte einen Verwandten um die Besichtigung seines Bauernhofes gebeten. Prompt lud Onkel Jan alle Kinder zu einem Besuch ein.
Vom Bauernhof ging es einen Feldweg entlang.
Hier konnten sie den Anbau von Mais besichtigen.
Von April bis Mai werden die Körner ausgesät.
Mais wird als Tierfutter und zur Erzeugung von Biogas verwendet.
Aber Onkel Jan baut auch Weizen und Hafer an.
Auf ein Feld hat er Sonnenblumen gepflanzt.
Die Kerne werden zu Vogelfutter oder Öl verarbeitet.
Am Feldrand konnten die Kinder bunte Wildpflanzen entdecken. Zurück auf dem Hof zog Tante Lene frische Brotlaibe aus dem Backofen.
Onkel Jan griff in die Gitarrensaiten.

5 Schreibe Sätze mit diesen **kleinen Wörtern**.

um bis es oder am

· Lern- und Arbeitstechniken nutzen
· methodisch sinnvoll abschreiben
· Wörter des Grundwortschatzes

· SAH Fö: Teil C, S. 37, 38
· KV Fö/FO · RS: S. 3

· ÜH: S. 82
· KV: 121–123, 157–160

Nomen in den vier Fällen verwenden

1 Wähle eine Aufgabe aus.

a Schreibe den Text ab. Setze das Nomen Käfer in den verschiedenen Fällen ein.

▬ sitzt auf einer Pflanze. (Wer?)

Die Flügel ▬ sind braun. (Wessen?)

Ich folge ▬ mit meiner Kamera. (Wem?)

Aber ich kann ▬ nicht mehr sehen. (Wen?)

des Käfers
der Käfer
dem Käfer
den Käfer

b Schreibe den Text ab. Setze das Nomen Lehrerin in den verschiedenen Fällen ein. Schreibe so:

Die Lehrerin macht einen Ausflug mit uns. Wer-oder-was-Fall

▬ macht einen Ausflug mit uns.

Plötzlich ist der Schlüssel ▬ verschwunden.

Alle wollen ▬ helfen.

Die Kinder trösten ▬.

Endlich findet ▬ den Schlüssel wieder.

c Schreibe vier Sätze mit dem Nomen Reh. Das Wort soll in allen vier Fällen vorkommen.

Schreibe auf: Ich bin fit! ☺ Ich trainiere weiter. 😐

- sprachliche Strukturen kennen: Fälle des Nomens
- den eigenen Lernerfolg reflektieren

- SAH Fö: Teil C, S. 39

- ÜH: S. 83, 85

Wörter richtig trennen

Trennregeln

- 🟢 Trenne nach Silben.
- 🔵 Trenne nicht: Wörter mit einer Silbe.
- 🔴 Trenne Wörter vor ch, ck und sch.
- 🟡 Trenne nicht: Selbstlaute am Wortanfang und Wortende.

1 Wähle eine Aufgabe aus.

a Schreibe die Trennregeln ab. Ordne die Wörter passend zu.

ren-nen Wald Igel gu-cken Gras Lär-chen-zap-fen
oben ra-scheln spa-zie-ren auf-sam-meln viel Abend

b Ordne die Wörter den Trennregeln zu. Trenne die Wörter, wenn es möglich ist.

🟢	🔴	🔵	🟡
Man-da-la	Bu-chen-blatt	Zweig	Ufer

Mandala	Buchenblatt	Zweig	Ufer
oben	Wassertropfen	Idee	Insektenhotel
nett	Trockenfrüchte	Frucht	naschen

c Schreibe den Text ab. Schreibe die Wörter mit Trennstrichen auf. Schreibe so: Ges-tern Abend sind wir …

Gestern Abend sind wir in den Stadtwald gegangen. Nach wenigen Minuten wurde es stockdunkel. Wir holten unsere Taschenlampen aus dem Rucksack. Den Lichtstrahl richteten wir auf den Waldweg. So konnten keine Wildtiere geblendet werden.

Schreibe auf: Ich bin fit! 🙂 Ich trainiere weiter. 😐

- Regeln der Trennung am Zeilenende kennen und verwenden
- den eigenen Lernerfolg reflektieren

· SAH Fö: Teil C, S. 41

Wie wir uns verändern

1 Schaut euch das Bild an. Wie stellen sich die Kinder ihre Zukunft vor?

2 Welche Berufswünsche haben die Kinder? Erzählt.

3 Warum haben die Kinder diese Berufe ausgewählt? Vermutet gemeinsam.

4 Wie stellt ihr euch eure Zukunft vor? Erzählt.

- funktionsangemessen sprechen: beschreiben und erzählen
- aktiv eigene Vorstellungen einbringen

- SAH Fö: Teil C, S. 42

Zuhörstrategien anwenden

1 Was machen Ingenieurinnen und Ingenieure?
Überlegt gemeinsam.

2 Was würdest du Frau Sander gern fragen? Schreibe zwei Fragen auf.
Mich würde interessieren … Ich habe noch nicht genau verstanden …
Ich frage mich … Könnten Sie noch einmal erzählen …

3 Recherchiere zu deinem Traumberuf und stelle ihn vor.

4 Beachtet als Zuhörerinnen und Zuhörer alle **Zuhörstrategien**.
Sagt zum Schluss, was ihr durch den Vortrag Neues erfahren habt.
Ich weiß jetzt, dass … Besonders interessant fand ich …
Jetzt kann ich mir genau vorstellen, …

Unsere Zuhörstrategien:
1. Ich schaffe eine gute Zuhörumgebung.
2. Ich überlege, was ich schon über das Thema weiß.
3. Ich höre konzentriert zu.
4. Ich kann Notizen machen.
5. Ich kann nachfragen.
6. Ich überlege, was ich Neues erfahren habe.

Ein Interview aufschreiben

Ein Schreibziel formulieren, Seite 95

1 Formuliert das Schreibziel für die Kinder.

2 Hier seht ihr einen Ausschnitt aus dem Interview der Klasse 4b. Beschreibt, wie der Text aufgebaut ist.

Die Wittekind Schule
Die Wittekind Schule liegt im Stadtzentrum. Wir führten ein Interview mit den Schülerinnen und Schülern der Klasse 5c:

Wie viele Kinder sind in einer Klasse?
In unseren fünften Klassen sind 28 Kinder.

Nutzt ihr im Unterricht Tablets?
Nicht immer, aber wir haben für alle fünften Klassen einen Tabletwagen. Wir arbeiten damit ungefähr viermal in der Woche.

Schmeckt das Essen in der Mensa gut?
...
Wir bedanken uns bei der Klasse 5c für das Interview!

3 Was möchtet ihr über die weiterführende Schule wissen? Führt selbst ein Interview und schreibt es auf.

Checkliste: Ein Interview aufschreiben
- ✓ einleitender Text
- ✓ Fragen und Antworten in sinnvoller Reihenfolge
- ✓ nach jeder Antwort eine Reihe frei lassen
- ✓ sich zum Schluss für das Interview bedanken

Texte mit dem Computer präsentieren

1 Auch die Kinder der Klasse 4a haben ihr Interview mit dem Computer geschrieben. Vergleicht es mit dem Interview auf Seite 122. Was fällt euch auf?

Das Kästner-Gymnasium

Das Kästner-Gymnasium liegt im Ortsteil Haste.
Es wird von 1100 Schülerinnen und Schülern besucht. Wir führten ein Interview mit den Schülerinnen und Schülern der Klasse 5b:

Wie viele Kinder sind in einer Klasse?

In meiner Klasse sind 29 Kinder.

Habt ihr moderne Klassenräume?

Ja, wir haben in unserer Klasse Drehstühle und verstellbare Tische. Außerdem arbeiten wir mit einem Smartboard.

IST DIE TURNHALLE GUT AUSGESTATTET?

Ja, die Turnhalle ist ganz neu. Wir haben sogar eine Kletterwand.

WIR BEDANKEN UNS BEI DER KLASSE 5B FÜR DAS INTERVIEW.

2 Welches der beiden Interviews könnt ihr besser lesen? Begründet.

3 Entscheidet, welche der folgenden Tipps zur Textgestaltung sinnvoll sind? Schreibt sie auf.
- Gestalte den Text möglichst bunt, dann wird er lieber gelesen.
- Verwende nicht zu viele verschiedene Schriftarten, sonst wird der Text zu unruhig.
- Achte auf sinnvolle Absätze und Zeilenabstände.
- Viele verschiedene Schriften lassen den Text interessanter wirken.
- Verwende wenige Farben, um bestimmte Sätze oder Wörter hervorzuheben.

4 Schreibt das Interview aus Aufgabe 1 mit dem Computer auf und gestaltet es.

Zeitformen kennen: Zukunftsform (Futur I)

1 Welches Kind spricht über die Zukunft? Begründet eure Entscheidung.

Wenn man über die Zukunft spricht, verwendet man häufig die **Zukunftsform (Futur I)**. Die **Zukunftsform** wird aus einer Personalform von **werden** und der Grundform des Verbs gebildet.

Hier ist **werden** ein Hilfsverb: Ich **werde** heute später nach Hause **gehen**.

Du **wirst** heute später nach Hause **gehen**.

2 Schreibe die Sätze ab. Markiere die Zukunftsform.

Ich **werde** mal in fremde Länder **reisen**.
Du wirst viel erleben.
Sven wird mich morgen besuchen.
Wir werden einen Ausflug machen.
Ihr werdet das Buch zu Hause lesen.
Tim und Sina werden einen Vortrag halten.

Hilfsverb **werden**
ich **werde**
du **wirst**
er, sie, es **wird**
wir **werden**
ihr **werdet**
sie **werden**

3 Schreibe die Sätze in der Zukunftsform auf: Ich **werde** ein eigenes Haus **haben**.

Ich habe ein eigenes Haus.
Wir lernen sieben verschiedene Sprachen.
Mina fährt als Kapitänin über die Meere.
Ihr schreibt spannende Romane.
Joyce und Maxim fotografieren seltene Tiere.
Du baust viele nützliche Dinge.

· sprachliche Begriffe kennen und verwenden
· Zeitstufen bei Verben unterscheiden und nutzen: Futur I

· SAH Fö: Teil C, S. 46, 47
· KV Fö/FO
· 81

· ÜH: S. 87
· KV: 127, 129, 130

Zeitformen kennen und verwenden

1 Ordnet die Sprechblasen den Zeitformen zu. Begründet.

Vor zwei Wochen las ich ein spannendes Buch.

Ich habe gestern dieses Buch gelesen.

Ich lese gerade ein Buch über Wale.

Nächste Woche werde ich ein Detektivbuch lesen.

Gegenwart (Präsens) zusammengesetzte Vergangenheit (Perfekt)
einfache Vergangenheit (Präteritum) Zukunftsform (Futur I)

2 Schreibe den Satz in der einfachen Vergangenheit, der zusammengesetzten Vergangenheit und der Zukunftsform auf.

Ich halte einen Vortrag über berühmte Entdeckerinnen.

3 Schreibe den Text in den angegebenen Zeitformen auf.

Ich ___ schon immer Forscher werden. (wollen / Präteritum)
Am spannendsten ___ ich die Arktis. (finden / Präsens)
Lilly und ich ___ gerade ein Buch über Eisbären ___. (lesen / Perfekt)
Sie sagt: „Die Tiere der Arktis ___ du als erstes ___.“ (erforschen / Futur I)

4 Entscheide für jeden Satz, welche Zeitform am besten passt. Schreibe den Text mit den passenden Zeitformen ab.

Vor einigen Tagen ich meinen Freunden von meinen Zukunftsplänen (erzählen). Liam mich (fragen): „Ich das gerade richtig (verstehen)? Du Astronaut werden (wollen)?“ Ich ihm (antworten): „Ja, das mein großer Traum (sein). Ich zum Mars (fliegen).“

5 Wie viele verschiedene Zeiten können in einem Text vorkommen? Überlegt gemeinsam.

Sätze umstellen, Satzglieder bestimmen

1 Aus wie vielen Satzgliedern besteht der folgende Satz?
Überlegt gemeinsam.

> Die Tischlerin zeigte der Klasse 4a
> vor zwei Tagen in ihrer Werkstatt einen Hobel.

2 Schreibe den Satz aus Aufgabe 1 auf und stelle ihn zweimal um.
Markiere alle Satzglieder in den passenden Farben.

Fachwörter, Seite 144

3 Stelle die Sätze so um, dass die Ergänzung des Ortes an erster Stelle steht. Schreibe auf.
Markiere alle Satzglieder in den passenden Farben.

> Eine Tischlerin erklärt uns in der Schule ihren Beruf.
> Sie arbeitet seit drei Jahren in ihrer eigenen Tischlerei.
> Wir besuchen sie morgen in ihrer Werkstatt.

4 Schreibe die Satzanfänge auf und ergänze sie.
Verwende dabei die angegebenen Satzglieder.

> Der Bäcker backt …
> (Ergänzung der Zeit, Ergänzung des Ortes, Wen- oder Was-Ergänzung).

> Meiner Mutter gibt …
> (Subjekt, Wen- oder Was-Ergänzung, Ergänzung der Zeit).

> Der Verkäufer schenkte …
> (Wem-Ergänzung, Ergänzung des Ortes, Wen- oder Was-Ergänzung).

- Satzglieder unterscheiden
- Fachbegriffe kennen: Subjekt, Prädikat, Dativ, Akkusativ, Zeit- und Ortsergänzung

- SAH Fö: Teil C, S. 50
- KV Fö/FO
- 83

- ÜH: S.89
- KV: 131, 155, 156

Verben mit Dativobjekt oder Akkusativobjekt

1 Könnt ihr frei entscheiden, ob ihr die Satzanfänge mit einer **Wen-oder-was-Ergänzung** oder einer **Wem-Ergänzung** vervollständigt? Begründet.

Ich vermisse …
Sie kennt …
Er besucht …

Ich helfe …
Es gehört …
Sie begegnet …

den Freund
dem Freund

Zu bestimmten Verben gehört im Satz eine **Wen-oder-was-Ergänzung** (Akkusativobjekt): besuchen, lieben, treffen, kennen, vermissen, …
Ich besuche den Freund.

Zu bestimmten Verben gehört im Satz eine **Wem-Ergänzung** (Dativobjekt): helfen, glauben, gehören, begegnen, …
Ich helfe dem Freund.

2 Schreibe Sätze mit den Verben und einer passenden Ergänzung.
Schreibe so: Ich glaube dem Forscher.

glauben kennen sehen gratulieren bewundern
vertrauen treffen besuchen antworten schaden

dem Forscher
den Forscher

3 Schreibe Sätze mit den Ergänzungen. Markiere die Verben.

ein Kind | einem Kind | einem Verkäufer | einen Verkäufer

4 Wie könnte Quiesel die Behauptung begründen? Überlegt gemeinsam.

Das Verb ist der Chef im Satz.

· die maßgebliche Bedeutung des Verbs im Satz erkennen (Verben mit zwingender Akkusativ- oder Dativfolge)

· SAH Fö: Teil C, S. 51
· KV Fö/FO
· 84

· ÜH: S.90
· KV: 132

Merkwörter mit V/v richtig schreiben (M)

1 Warum ist das Kind unsicher? Tauscht euch aus.

▭ase

▭ater

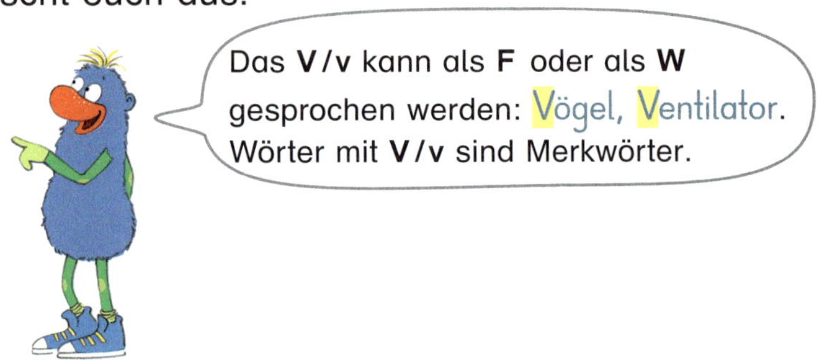

2 Schreibe die Wörter geordnet auf.

V/v klingt wie F: bevor, …   V/v klingt wie W: Interview, …

bevor	Detektiv	Interview	Silvester	Vase
Verein	vielleicht	Virus	vorbei	Vulkan

3 Schreibe Sätze mit den Wörtern.

davor   vollständig   vom   vor   voraus   vielleicht   viel

4 Sammle Wörter,
die mit **Ver/ver** und Wörter
die mit **Vor/vor** anfangen.
Schreibe zwei Listen.

5 Diktiert euch die Sätze gegenseitig.
Kontrolliert, ob ihr richtig geschrieben habt.

Nina möchte einmal in einer versteckten Villa leben.
Milad wird später ganz verrückte Pullover entwerfen
Dario will die Verschmutzung der Umwelt verbieten.
Vera möchte eine berühmte Klavierspielerin werden.
Merve wird alle aus ihrer Klasse sehr vermissen.
Tom wird vielleicht eine Geisterbahn mit Vampiren bauen.

Mit Rechtschreibstrategien Texte verbessern

1 Welche Strategie hilft euch, die Wörter an der markierten Stelle richtig zu schreiben? Erklärt.

Manchmal braucht man mehrere Strategien, um das Wort richtig zu schreiben.

Seltenheit räumen sie heißt Vorsicht lassen Vanille Ziel Weg

2 Nutze die Strategien oder, um die Wörter richtig zu schreiben: : packen – Gepäck, …

Gep ä/e ck h eu/äu fig es wie k/g t Verbo d/t Gew e/ä chs sü ß/s

3 Welche Strategien helfen dir, die markierten Wörter richtig zu schreiben? Schreibe den Text so auf: Schule der Zukunft N↑

Schule der zukunft R
So stele ich mir die Schule vor: Es gibt riesige Klasenräume R R
und alle Wende sind aus Glaß. Nichts ist dort ferboten. R R R
Die Kinder lernen ser gerne, weil alles interesant ist. R R
Im Unterricht darf man sein Handi benuzen. R R

4 Sina hat in ihrem Text einige Wörter falsch geschrieben. Welche zwei Strategien muss sie noch üben?

Wen ich morgens aufstehen mus, bin ich imer noch furchtbar müde.
Ich lase mir beim frühstück viel zeit. In der Zeitung lese ich
die seite für Kinder. Die ist sehr interessant.
Dann fahre ich mit dem rad zur Schule.

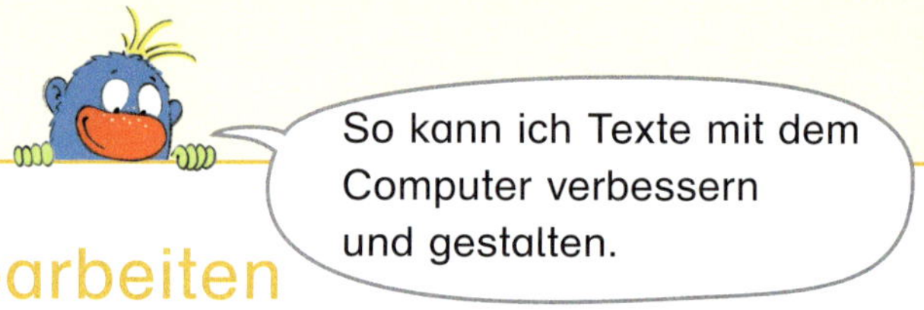

Texte mit dem Computer bearbeiten

Ich korrigiere Rechtschreibfehler.

Ich überprüfe Satzbaufehler und Grammatikfehler.
Manchmal werden diese markiert.

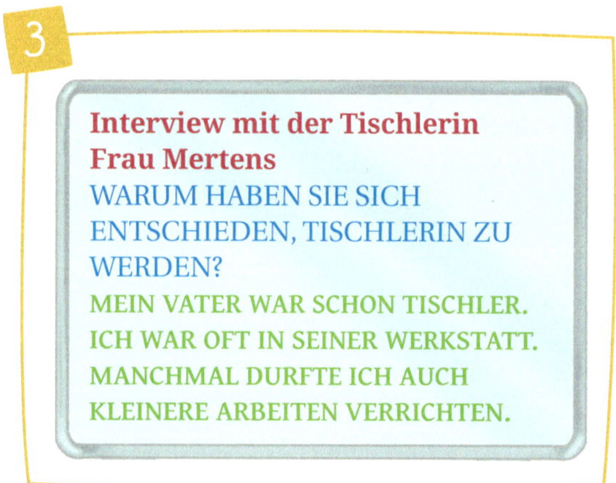

Ich verwende nicht zu viele Schriften und Farben.

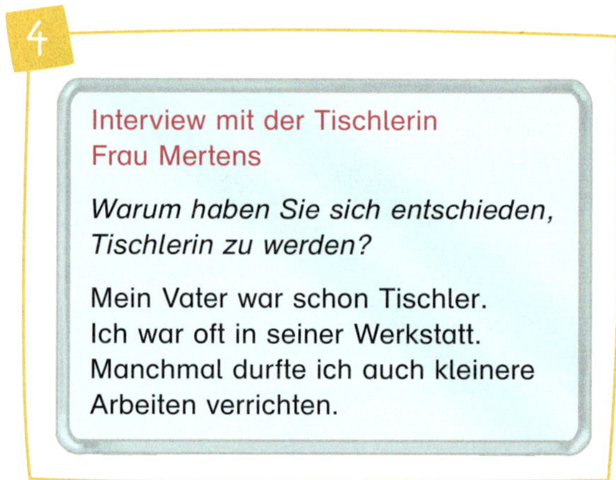

Ich achte auf sinnvolle Abstände.

1 Befrage eine Person zu ihrem Beruf.
Schreibe das Interview mit dem Computer auf.

Merkwörter mit V/v (M)

1 Übe die Übungswörter mit der Profikarte.

2 Führt ein Rechtschreibgespräch zu dem Wort Vierzehn .

3 Schreibe den Text mit dem Computer ab.
Markiere die Übungswörter in deinem Text.

Merkwörter mit V/v

bevor
davor
der Detektiv
das Interview
Silvester
die Vase
vergessen
vielleicht
die Villa
vollständig
vorbei
der Vulkan

Wenn ich erwachsen bin

So stelle ich mir meine Zukunft vor: Ich brauche keine große Villa, aber ich hätte gern ein Haus am Meer. Vielleicht werde ich einmal Schriftstellerin. Dann bin ich sehr berühmt und gebe überall Interviews. Ich schreibe viele Detektivromane, die überall auf der Welt gelesen werden. Einige werden sicher auch verfilmt. Dann entscheide ich, wer die Hauptrollen bekommt. Oder ich werde eine große Künstlerin. Ich entwerfe verrückte Teller und Vasen. Die kann man zwar nicht benutzen, aber sie sind wahnsinnig teuer.

Allerdings würde ich auch gerne die großen Vulkane auf der Erde erforschen. Das ist gefährlich und spannend. Aber auf jeden Fall würde ich jedes Jahr ganz groß Silvester feiern.

4 Schreibe Sätze mit diesen **kleinen Wörtern**.

vor   voraus   viel   vorüber   vom   vorne

5 Schreibe Sätze nach diesem Muster: … zwar …, aber …

Ich muss heute zwar noch für Mathe lernen,
aber später gehe ich ins Kino.

Zeitformen kennen: Zukunftsform (Futur I)

1 Wähle eine Aufgabe aus.

a Schreibe die Sätze ab und markiere die Zukunftsform.

Ich werde mal mit meinem Fahrrad um die Welt fahren.

Du wirst viele fremde Länder sehen.

Lina wird später Detektivgeschichten schreiben.

Wir werden uns jedes Jahr treffen.

Ihr werdet in eine große Stadt ziehen.

Lilly und Fabiano werden in einem Holzhaus leben.

b Schreibe den Text in der Zukunftsform auf.

Ich feiere morgen meinen Schulabschluss. Zuerst trifft sich unsere Klasse vor der Schule. Dann fahren wir alle gemeinsam zum Zoo. Dort wartet unsere Lehrerin auf uns. Sie kauft schon einmal die Karten. Ich gehe zuerst zu den Flamingos.
Die meisten von uns laufen sofort zum neuen Löwengehege.
Abends grillen wir bei Ben. Was macht ihr zum Schulabschluss?

c Schreibe drei Sätze in der Zukunftsform nach den folgenden Anweisungen.

1. Satz: Schreibe über deine Zukunftspläne.

2. Satz: Schreibe eine Vermutung auf.

3. Satz: Schreibe ein Versprechen auf.

Schreibe auf: Ich bin fit! ☺ Ich trainiere weiter. 😐

- Zeitstufen bei Verben unterscheiden und nutzen: Futur I
- eigenen Lernerfolg reflektieren

- SAH Fö: Teil C, S. 57

- ÜH: S. 93, 95

Nomen im Dativ und Akkusativ verwenden

1 Wähle eine Aufgabe aus.

a Schreibe die Sätze ab und setze das Nomen passend ein.

Akkusativobjekt: das Kind

Dativobjekt: dem Kind

Ella besucht ___ (Akkusativobjekt) im Krankenhaus.

Das Tierbuch gehört ___ (Dativobjekt) dort drüben.

Die Lehrerin kennt ___ (Akkusativobjekt) schon lange.

Die Oma hilft ___ (Dativobjekt) bei den Hausaufgaben.

Wir trafen ___ (Akkusativobjekt) auf dem Spielplatz.

b Schreibe die Sätze ab. Setze das Nomen passend ein.

den Freund

dem Freund

Wir gratulieren ___ zum Geburtstag.

„Ich glaube, die graue Jacke gehört ___ von Mia."

Opa kennt ___ von Alex und Sina schon lange.

Milad und Aron treffen ___ auf dem Fußballplatz.

c Welche der folgenden Verben können nur mit einem Dativobjekt verwendet werden. Schreibe Sätze mit diesen Verben.

gratulieren	sehen	begrüßen	besuchen
vertrauen	fragen	antworten	schaden

Schreibe auf: Ich bin fit! ☺ Ich trainiere weiter. 😐

Ich-Botschaften in einem Streit verwenden

1 Was ist passiert? Erzählt.

2 Mit welchen Aussagen könnte der Streitschlichter den Kindern helfen?

① Niemand wird beschimpft.

② Sage dem anderen Kind, worüber du dich geärgert hast.

③ Du darfst dir nichts gefallen lassen!

④ Das werde ich deiner Lehrerin erzählen.

⑤ Sage immer zuerst, was du selbst getan hast.

⑥ Höre dem anderen Kind zu.

⑦ Welche Lösung könnt ihr euch vorstellen?

3 Wie erklären die Kinder den Streit aus ihrer Sicht? Schreibe die Sätze als **Ich**-Botschaften auf.

Ich wollte eigentlich nur ...

Ich bin wütend, weil ...

Durch Ich-Botschaften fühlt sich das andere Kind nicht so angegriffen.

- streitschlichtende Äußerungen kennen
- sich durch Ich-Botschaften in einem Streit deeskalierend verhalten

- SAH Fö: Teil A, S. 60
- 91

Den Ablauf einer Streitschlichtung kennen

1 Bringt die Karten zur Streitschlichtung in eine sinnvolle Reihenfolge. Tauscht euch aus und schreibt auf.

Jeder sagt, was er selbst getan hat. (als Ich-Botschaft)

Wir erzählen nacheinander, was passiert ist.

Wir treffen eine Vereinbarung, die beide einhalten wollen.

Jeder sagt, worüber er sich geärgert hat. (als Ich-Botschaft)

Was wünschst du dir vom anderen? Was bist du bereit, zu tun?

Du kannst ein Hosentaschenbuch zum Ablauf der Streitschlichtung erstellen.

2 Warum ist ein geregelter Ablauf bei der Streitschlichtung sinnvoll?

Ohne eine Reihenfolge ... Der Ablauf hilft ... Damit wir uns ...
Es ist wichtig, zuerst ... Es wichtig, dass ... Es ist gut, zum Schluss ...

Winter: Einen Limerick kennenlernen

1 Die Kinder sammeln zu Winterbildern Wörter
für ein lustiges Wintergedicht.
Was ist das Besondere an ihrer Wörtersammlung? Tauscht euch aus.

Spiegel

Decke

Ziegel   Igel   Schnecke   Hecke   raus   Haus

2 Die Kinder haben zu den Bildern lustige Limericks geschrieben.
Erklärt den Bauplan der Limericks.

8	Ein kleiner niedlicher Igel	a
8	verschwand hinter einem Ziegel.	a
5	Nicht lang blieb er dort,	b
5	kam heraus sofort,	b
8	denn er vergaß seinen Spiegel.	a

8	Dort in der verschneiten Hecke	a
8	sieht Klaus eine kleine Schnecke.	a
5	Sie schaut aus dem Haus,	b
5	will aber nicht raus,	b
8	fragt nach einer warmen Decke.	a

Achtet auf die Zahlen vor den
Versen und die Kleinbuchstaben
hinter jedem Vers.

3 Lest die Limericks betont vor.
Macht eine kleine Pause vor dem letzten Vers.

4 Wodurch gelingt es, das Publikum zum Lachen zu bringen?

Winter: Einen Limerick schreiben

1 Wähle eine Aufgabe aus.

a Schreibe den Limerick mit den passenden Reimwörtern ab.

Die Katze im Schnee auf dem ___
schreit laut und macht beim Klettern ___
Ihr ist viel zu ___
Sie verliert den ___
Doch jetzt sind alle Leute ___

Krach Dach kalt wach Halt

b Schreibe einen Limerick mit diesen Wörtern:

Schneemann bauen gut Hut Mut Häschen schaut zu im Nu

oder mit diesen Reimwörtern:

Bauch auch Rodelhang bang Schlauch

c Schreibe einen Limerick zum Thema Winter.

2 Überprüfe deinen Limerick mit der Checkliste.

3 Tragt eure Limericks vor.

Checkliste: Limerick
- ✓ fünf Verse
- ✓ alle Verse passen zu einem Thema
- ✓ Silbenfolge: 8-8-5-5-8
- ✓ Reimfolge: a a b b a
- ✓ witziger Vers am Ende

· Text-Muster für eigenen Limerick nutzen
· Text anhand der Vorgaben überprüfen
· eigenes Gedicht vortragen (Rezitation)

· SAH Fö: Teil B, S. 61
· KV Fö/FO
· 94

· KV: 140, 141

Frühling: Einen Schnellsprechvers schreiben

1 Sprecht die Schnellsprechverse möglichst schnell. Was fällt euch auf?

Blaue Blumen blühen beim Brombeerbusch.
Beim Brombeerbusch blühen blaue Blumen.

Rasender Regenwurm radelt mit rostigem Regenschirm.
Radelt ein rasender Regenwurm mit rostigem Regenschirm?

2 Erklärt euch gegenseitig, wie ein Schnellsprechvers zum Frühling aufgebaut ist.

Checkliste: Schnellsprechverse schreiben
- ✓ Schnellsprechvers passt zum Thema
- ✓ viele Wörter klingen am Anfang ähnlich
- ✓ zwei Sätze
- ✓ Der erste Satz wird umgestellt nochmal aufgeschrieben.

3 Schreibe zu dem Wort in der Mitte einen Frühlings-Schnellsprechvers. Du kannst die Wörtersammlung verwenden.

sonnen Sonnenliege sorgfältig Sonja
sorglos **Sonnenschein** selten
Sonntags sanft summen

4 Sammelt zu einem Frühlingswort Wörter, die am Anfang ähnlich klingen.

Blüte Regenbogen Wiese Sonne Wärme Frühjahr
Balkon Ausflug Radtour Storch Wanderung Knospe Spinne

5 Schreibe einen eigenen Schnellsprechvers. Beachte die Checkliste.

- Aufbau und Besonderheit eines Schnellsprechverses kennenlernen und beschreiben, selbst Verse schreiben

- SAH Fö: Teil C, S. 60
- KV Fö/FO
- 95

- KV: 142–144

Frühling: Einen Schnellsprechvers überarbeiten

1 Lest die Schnellsprechverse. Was ist gelungen?
Was wollt ihr verändern?

Fliegen fliegen durch die frische Frühlingsluft.
Fliegen fliegen durch die frische Frühlingsluft.

Gelbe Blumen blühen am Apfelbaum.
Blühen gelbe Blumen am Apfelbaum?

Bald blühen bunte Blumen brilliant in braunen Blumentöpfen.

2 Überarbeite die Schnellsprechverse von Aufgabe 1 und schreibe sie auf.

3 Überarbeitet eure Schnellsprechverse von Seite 138 mithilfe der Checkliste.

Schreibkonferenz
Seite 41

4 Wie präsentieren die Kinder ihre Schnellsprechverse?
Tauscht euch aus.

5 Entscheide dich für eine Präsentationsform.

Sommer: Haikus kennenlernen

1 Was ist für euch das Schönste am Sommer?

2 Was fühlt ihr, wenn ihr diese Haikus lest? Tauscht euch aus.

Sanft wiegen im Wind
Lange Getreideähren
Sommer ist ganz nah.

Endlich im Hotel
Hundert Menschen um mich rum
kein Schwimmbad in Sicht

3 Beschreibt den Aufbau eines Haikus.

Checkliste: Ein Haiku schreiben
- ✓ **1. Zeile:** fünf Silben, **2. Zeile:** sieben Silben, **3. Zeile:** fünf Silben
- ✓ Gefühle, Natur oder besondere Ereignisse werden beschrieben

4 Überprüft, ob das Gedicht ein Haiku ist.

Zelturlaub am Strand
Warme Sommernacht
Lagerfeuer brennt

5 Überarbeite das Gedicht so, dass es zum Aufbau eines Haikus passt.

· Bauplan und Besonderheit eines Haikus kennenlernen
· ein Haiku überarbeiten

· SAH Fö: Teil C, S. 62
· 97

· KV: 145, 146

Sommer: Ein Haiku schreiben

1 Laurin hat ein Haiku geschrieben. Wie ist er vorgegangen?

Der Himmel ist hell und ohne Wolken.
Überall blüht es.
Dann gehe ich gerne barfuß
durch das Gras.

Ein Sommerhimmel
Ein bunter Blütenteppich
Barfuß durch das Gras

2 Schreibe aus den Sätzen ein Haiku.

Nur wenige Wolken sind am Himmel.
Ich spüre die Sommerhitze.
Ich sehne mich nach dem blauen Meer.

3 Wähle ein Bild zum Thema Sommer aus. Schreibe einige Sätze dazu. Verwende die Sätze für dein eigenes Haiku.

4 Trage dein Haiku vor.

Fachwörter

Wörter

Wörter bestehen aus Buchstaben:
Vokale (Selbstlaute) und **Konsonanten** (Mitlaute).
Silben sind Teile von Wörtern. Manche Wörter haben nur eine Silbe.
Wörter können zwischen den Silben **getrennt** werden.

Wörter mit demselben **Wortstamm** gehören zu einer **Wortfamilie**.
erklettern   klettern   Kletterer
Manchmal verändert sich der Wortstamm leicht.
Hochseil   höher   erhöhen

An einen Wortstamm kann man **Wortbausteine** anfügen.

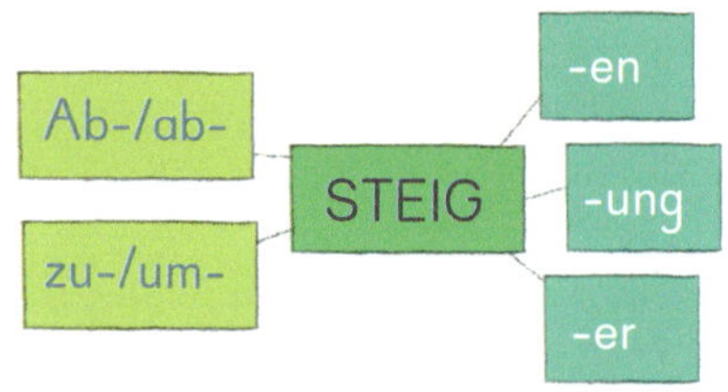

Adjektive

Adjektive geben an, **wie** etwas ist.
Viele Adjektive haben **Vergleichsstufen**.

schnell
schneller
am schnellsten

Verben

Verben geben an, was jemand **tut** oder was **geschieht**.
Sie haben eine **Grundform** (Infinitiv) und **Personalformen**.
Bei den Personalformen verändern sich die Verben.

Verben zeigen die Zeit an, in der etwas geschieht.
Verben können in der **Gegenwart** (Präsens) und in verschiedenen Vergangenheitsformen stehen.
Beim Sprechen verwendet man häufig die **zusammengesetzte Vergangenheit** (Perfekt).
Beim Schreiben verwendet man häufig die **einfache Vergangenheit** (Präteritum).

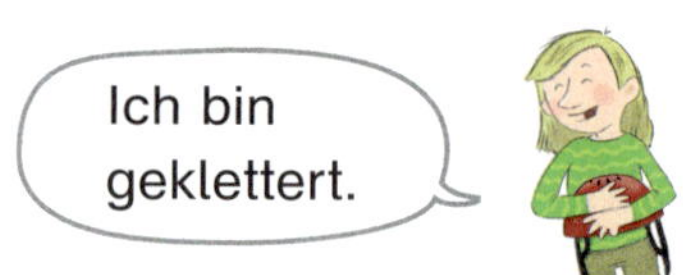

sie kletterte

Die **Zukunftsform** (Futur) beschreibt, was passieren kann oder wird.

· grundlegende sprachliche Begriffe kennen: Laute, Buchstaben, Silben, Wortarten, Artikel, Pronomen

KV 127

Nomen

Nomen sind **Namen** für Menschen, Tiere, Pflanzen und Dinge und auch Namen, die Gedanken, Ideen, Gefühle und Zustände bezeichnen.
Nomen gibt es in der **Einzahl** (Singular) und in der **Mehrzahl** (Plural).

Nomen können einen **Artikel** haben.
Es gibt **bestimmte Artikel**: der, die, das.
Es gibt **unbestimmte Artikel**: ein, eine.

Nomen schreibt man **groß**.
Vor jedes Nomen kann man ein Adjektiv setzen.
Wörter mit den Wortbausteinen **-ung**, **-heit**, **-keit**, **-nis**, **-schaft**, **-tum** am Wortende sind Nomen.

Nomen kann man zusammensetzen.
Mit **zusammengesetzten Nomen** kann man sich genauer ausdrücken.
Das erste Wort ist das **Bestimmungswort**, das zweite Wort das **Grundwort**.
Der Artikel richtet sich nach dem Grundwort.

der Regen + die Jacke
die Regenjacke

Nomen können in vier **Fällen** stehen:

Wer-oder-was-Fall (Nominativ)	Wessen-Fall (Genitiv)	Wem-Fall (Dativ)	Wen-Fall (Akkusativ)
der Trainer	des Trainers	dem Trainer	den Trainer
die Brücke	der Brücke	der Brücke	die Brücke
das Seil	des Seils	dem Seil	das Seil

Im Wer-oder-was-Fall kann man am Artikel erkennen, ob das Nomen männlich, weiblich oder sächlich ist.

Satzglieder

Satzglieder sind **Teile eines Satzes**. Man erkennt sie durch **Umstellen**.

Die Klasse 4	fährt	heute	in den Klettergarten	.
In den Klettergarten	fährt	heute	die Klasse 4	.

Das Satzglied, das auf die Frage **Wer oder was ...?** antwortet, ist das **Subjekt**.

die Klasse 4

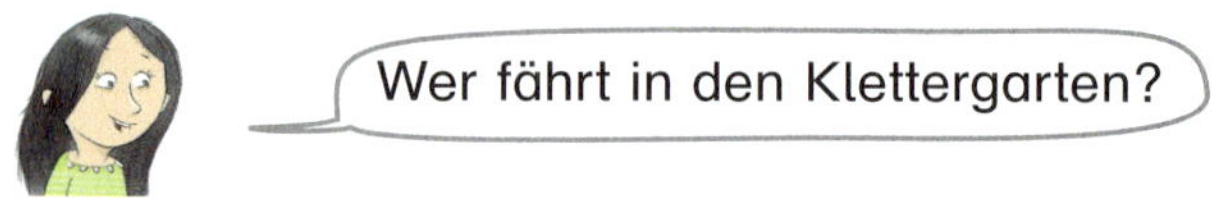

Das Satzglied, das auf die Frage **Was tut/tun ...?** antwortet, ist das **Prädikat**.

sie fährt

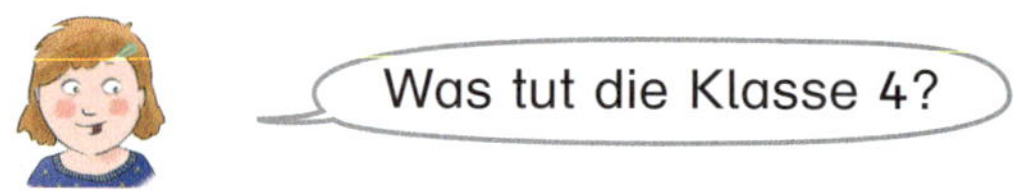

Das Satzglied, das auf die Frage **Wen oder was ...?** antwortet, ist die **Wen-oder-was-Ergänzung** (Akkusativ-Objekt).

die Kinder

Das Satzglied, das auf die Frage **Wem ...?** antwortet, ist die **Wem-Ergänzung** (Dativ-Objekt).

dem Trainer

Die **Ortsergänzung** informiert über Orte. Sie antwortet auf die Fragen **Wo ...? Woher ...? Wohin ...?**.

in den Klettergarten

Die **Zeitergänzung** informiert über Zeiten. Sie antwortet auf die Fragen **Wann ...? Wie oft/lange ...? Seit wann ...?**.

heute

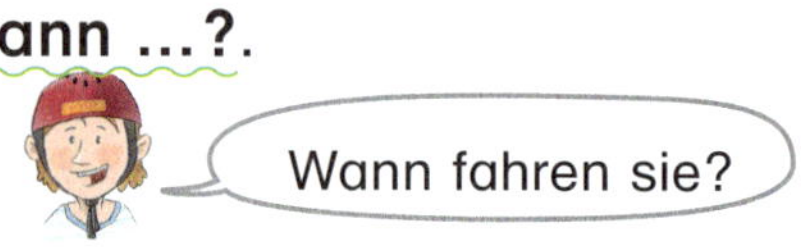

· grundlegende sprachliche Begriffe kennen: Verben, Wortfamilien, wörtliche Rede

Sätze und Satzzeichen

Am Ende eines Satzes steht ein **Satzzeichen**.
Am Ende eines **Aussagesatzes** steht ein **Punkt**.

Jörn klettert.

Am Ende einer **Frage** steht ein **Fragezeichen**.

Nach **Ausrufen** und **Aufforderungen** steht oft ein **Ausrufezeichen**.

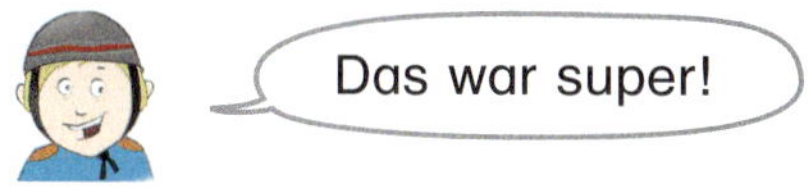

Das erste Wort im Satz schreibt man **groß**.

Zwischen Wörtern, die etwas **aufzählen**, werden **Kommas** gesetzt.
Zum Klettern brauchst du feste Schuhe, einen Helm, Gurte und Karabinerhaken.

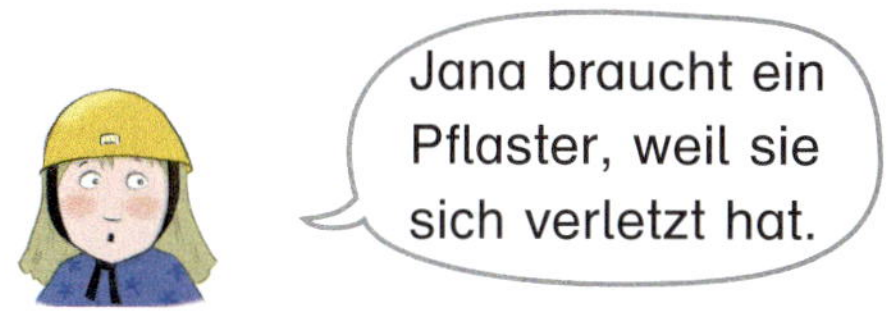

Sätze kann man mit einem **Bindewort** verbinden.
Vor dem Bindewort steht ein **Komma**.

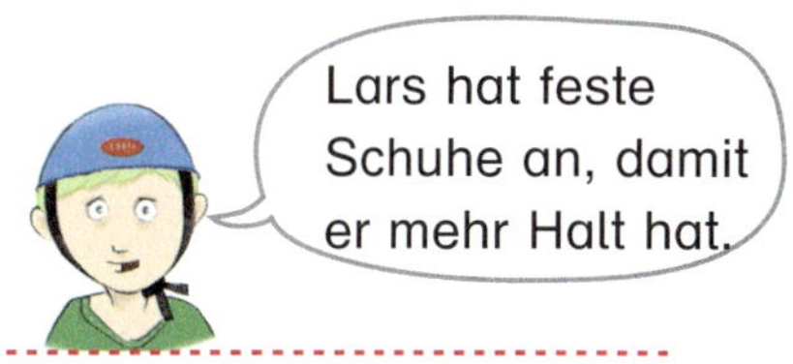

Was jemand spricht, nennt man **wörtliche Rede**.
Im **Begleitsatz** steht, wer spricht und wie gesprochen wird.
Der Trainer sagt: „Willkommen im Klettergarten."

Satzzeichen bei der wörtlichen Rede:

	Begleitsatz	:	„	wörtliche Rede	. ? !	"
„	wörtliche Rede (Aussage)		"	,	Begleitsatz	.
„	wörtliche Rede (Frage)	?	"	,	Begleitsatz	.
„	wörtliche Rede (Ausruf/Aufforderung)	!	"	,	Begleitsatz	.

Der Trainer erklärt: „Dies hier ist unser Einstiegsparcours."
„Den muss jedes Kind einmal durchklettern", sagt er.
„Seid ihr bereit?", fragt die Lehrerin.
„Ja!", rufen die Kinder.

Wörterliste

A a

aber
abfahren, er fährt ab, er fuhr ab, er ist abgefahren
abschaffen, sie schafft ab, sie schuf ab, sie hat abgeschafft
der **Abschied**, die Abschiede
abschreiben, er schreibt ab, er schrieb ab, er hat abgeschrieben
abstellen, sie stellt ab, sie stellte ab, sie hat abgestellt
adressieren, er adressiert, er adressierte, er hat adressiert
ähneln, sie ähnelt, sie ähnelte, sie hat geähnelt
alle
alles
das **Alphabet**, die Alphabete
als
alt, älter, am ältesten
die **Altstadt**, die Altstädte
am
die **Ameise**, die Ameisen
an
anfahren, er fährt an, er fuhr an, er ist angefahren
angenehm, angenehmer, am angenehmsten
ankommen, sie kommt an, sie kam an, sie ist angekommen
ans
die **Anschaffung**, die Anschaffungen
sich **anstellen**, er stellt sich an, er stellte sich an, er hat sich angestellt
antworten, sie antwortet, sie antwortete, sie hat geantwortet
die **Anweisung**, die Anweisungen
der **Apfel**, die Äpfel
die **Apotheke**, die Apotheken
der **Äquator**
arbeitsfähig
aufstellen, er stellt auf, er stellte auf, er hat aufgestellt
aus
ausschlafen, sie schläft aus, sie schlief aus, sie hat ausgeschlafen
außen
außerdem
austrinken, er trinkt aus, er trank aus, er hat ausgetrunken
auswählen, sie wählt aus, sie wählte aus, sie hat ausgewählt

B b

backen, er bäckt, er buk, er hat gebacken
der **Balkon**, die Balkone
der **Ball**, die Bälle
die **Bank**, die Bänke
der **Bär**, die Bären
bauen, sie baut, sie baute, sie hat gebaut
der **Baum**, die Bäume
die **Baustelle**, die Baustellen
beenden, er beendet, er beendete, er hat beendet
befehlen, sie befehlt,

befehlen, sie befehlt, sie befahl, sie hat befohlen
begegnen, es begegnet, es begegnete, es ist begegnet
beginnen, es beginnt, es begann, es hat begonnen
die **Begleitung**, die Begleitungen
begrüßen, sie begrüßt, sie begrüßte, sie hat begrüßt
beim
beinahe
beißen, es beißt, es biss, es hat gebissen
belohnen, er belohnt, er belohnte, er hat belohnt
die **Belohnung**, die Belohnungen
bemerken, sie bemerkt, sie bemerkte, sie hat bemerkt
die **Bereitschaft**
beschließen, sie beschließt, sie beschloss, sie hat beschlossen
besichtigen, er besichtigt, er besichtigte, er hat besichtigt
bestellen, sie bestellt, sie bestellte, sie hat bestellt
besuchen, er besucht, er besuchte, er hat besucht
das **Bett**, die Betten
der **Beutel**, die Beutel
bevor
der **Bewohner**, die Bewohner
bieten, es bietet, es bot, es hat geboten
der **Bildschirm**, die Bildschirme
bis
das **Blatt**, die Blätter
der **Blick**, die Blicke
blind
der **Blitz**, die Blitze
der **Block**, die Blöcke
blühen, es blüht, es blühte, es hat geblüht
das **Boot**, die Boote
die **Botschaft**, die Botschaften
brandneu
das **Brauchtum**, die Brauchtümer
braun
brechen, er bricht, er brach, er hat gebrochen
brennen, es brennt, es brannte es hat gebrannt
bringen, sie bringt, sie brachte, sie hat gebracht
der **Brotlaib**, die Brotlaibe
der **Bruder**, die Brüder
buchstabieren, er buchstabiert, er buchstabierte, er hat buchstabiert
sich **bücken**, sie bückt sich, sie bückte sich, sie hat sich gebückt

C c

das **Cello**, die Cellos (die Celli)
der **Cent**, die Cent(s)
chatten, er chattet, er chattete, er hat gechattet
der **Clown**, die Clowns
der **Comic**, die Comics
der **Computer**, die Computer
die **Cornflakes** (Pluralwort)
der **Cowboy**, die Cowboys
die **Currywurst**, die Currywürste

D d

damit
der **Damm**, die Dämme

danken, sie dankt, sie dankte, sie hat gedankt
darum
davor
die **Decke**, die Decken
dehnen, er dehnt, er dehnte, er hat gedehnt
dein, deine
dekorieren, sie dekoriert, sie dekorierte, sie hat dekoriert
denken, er denkt, er dachte, er hat gedacht
denn
der **Detektiv**, die Detektive
die
der **Dieb**, die Diebe
der **Donner**, die Donner
dort
die **Dose**, die Dosen
draußen
drehen, sie dreht, sie drehte, sie hat gedreht
dreißig
drohen, er droht, er drohte, er hat gedroht
dürfen, er darf, er durfte, er hat gedurft

E e

ehrlich, ehrlicher, am ehrlichsten
eigenes
das **Eigentum**, die Eigentume
einstellig
das **Eis**
emotional, emotionaler, am emotionalsten
empfehlen, sie empfiehlt, sie empfahl, sie hat empfohlen
das **Ende**
das **Endergebnis**, die Endergebnisse
der **Endlauf**, die Endläufe
endlich
endlos
die **Endnote**, die Endnoten
der **Endpunkt**, die Endpunkte
das **Endspiel**, die Endspiele
der **Endspurt**, die Endspurts
die **Endstation**, die Endstationen
die **Endung**, die Endungen
entdecken, er entdeckt, er entdeckte, er hat entdeckt
die **Entfernung**, die Entfernungen
entscheiden, sie entscheidet, sie entschied, sie hat entschieden
die **Entschuldigung**, die Entschuldigungen
die **Erbschaft**, die Erbschaften
das **Ereignis**, die Ereignisse
ergänzen, er ergänzt, er ergänzte, er hat ergänzt
das **Ergebnis**, die Ergebnisse
erkältet
die **Erkältung**, die Erkältungen
die **Erlaubnis**, die Erlaubnisse
das **Erlebnis**, die Erlebnisse
erledigen, er erledigt, er erledigte, er hat erledigt
erreichen, sie erreicht, sie erreichte, sie hat erreicht
es
essen, er isst, er aß, er hat gegessen
das **Essen**, die Essen
die **Etage**, die Etagen
euer

ewig
experimentieren, sie experimentiert, sie experimentierte, sie hat experimentiert

F f

fähig
die **Fähigkeit**, die Fähigkeiten
die **Fahrerin**, die Fahrerinnen
das **Fahrrad**, die Fahrräder
die **Fahrt**, die Fahrten
fallen, es fällt, es fiel, es ist gefallen
fangen, er fängt, er fing, er hat gefangen
fassen, sie fasst, sie fasste, sie hat gefasst
faul, fauler, am faulsten
fehlen, es fehlt, es fehlte, es hat gefehlt
der **Fehler**, die Fehler
fehlerhaft
das **Fenster**, die Fenster
die **Finsternis**
der **Fisch**, die Fische
der **Fleck**, die Flecken
fleißig, fleißiger, am fleißigsten
fliegen, er fliegt, er flog, er ist geflogen
fliehen, sie flieht, sie floh, sie ist geflohen
fließen, es fließt, es floss, es ist geflossen
der **Floh**, die Flöhe
das **Floß**, die Flöße
der **Fluss**, die Flüsse
das **Fohlen**, die Fohlen
der **Föhn**, die Föhne
fotografieren, sie fotografiert, sie fotografierte, sie hat fotografiert
fragen, er fragt, er fragte, er hat gefragt
fremd
der **Freund**, die Freunde
freundlich, freundlicher, am freundlichsten
die **Freundschaft**, die Freundschaften
froh, froher, am frohesten
fröhlich, fröhlicher, am fröhlichsten
der **Froschlaich**
früh, früher, am frühesten
früher
führen, sie führt, sie führte, sie hat geführt
der **Füller**, die Füller
funktionieren, es funktioniert, es funktionierte, es hat funktioniert
für
der **Fuß**, die Füße

G g

die **Gabel**, die Gabeln
gähnen, sie gähnt, sie gähnte, sie hat gegähnt
ganz
die **Garage**, die Garagen
der **Garten**, die Gärten
das **Gebäude**, die Gebäude
geben, er gibt, er gab, er hat gegeben
der **Geburtstag**, die Geburtstage
geduldig, geduldiger,

am geduldigsten

die **Gefahr**, die Gefahren

gefährlich, gefährlicher, am gefährlichsten

gefallen, es gefällt, es gefiel, es hat gefallen

das **Gefängnis**, die Gefängnisse

das **Geheimnis**, die Geheimnisse

gehen, sie geht, sie ging, sie ist gegangen

gehören, es gehört, es gehörte, es hat gehört

das **Geländer**, die Geländer

gelblich

gemeinsam

genießen, er genießt, er genoss, er hat genossen

das **Gepäck**

das **Gerät**, die Geräte

geschmackvoll

die **Gesellschaft**

gestalten, sie gestaltet, sie gestaltete, sie hat gestaltet

das **Gestalten**

das **Gestell**, die Gestelle

das **Getränk**, die Getränke

das **Gewächs**, die Gewächse

gewinnen, er gewinnt, er gewann, er hat gewonnen

das **Gewitter**, die Gewitter

gießen, es gießt, es goss, es hat gegossen

die **Gitarrensaite**, die Gitarrensaiten

das **Glas**, die Gläser

glatt, glatter, am glattesten

glauben, sie glaubt, sie glaubte, sie hat geglaubt

glücklich, glücklicher, am glücklichsten

graben, er gräbt, er grub, er hat gegraben

das **Graffiti**, die Graffitis

das **Gras**, die Gräser

gratulieren, sie gratuliert, sie gratulierte, sie hat gratuliert

groß, größer, am größten

grübeln, er grübelt, er grübelte, er hat gegrübelt

der **Gruß**, die Grüße

gucken, sie guckt, sie guckte, sie hat geguckt

H h

haben, er hat, er hatte, er hat gehabt

der **Hai**, die Haie

die **Halle**, die Hallen

die **Haltestelle**, die Haltestellen

die **Haltung**, die Haltungen

das **Handy**, die Handys

hängen, es hängt, es hing, es hat gehangen

häufig

die **Hauptstadt**, die Hauptstädte

das **Haus**, die Häuser

die **Haut**, die Häute

das **Heiligtum**, die Heiligtümer

heißen, sie heißt, sie hieß, sie hat geheißen

heiter, heiterer, am heitersten

die **Heiterkeit**

heizen, er heizt, er heizte, er hat geheizt

helfen, sie hilft, sie half, sie hat geholfen

hell, heller, am hellsten

die **Herrschaft**
herzlich, herzlicher, am herzlichsten
hier
hilfsbereit
das **Hindernis**, die Hindernisse
hinstellen, er stellt hin, er stellte hin, er hat hingestellt
die **Hitze**
hoch, höher, am höchsten
höflich, höflicher, am höflichsten
die **Höhe**, die Höhen
hohl, hohler, am hohlsten
die **Höhle**, die Höhlen
hören, sie hört, sie hörte, sie hat gehört
die **Hose**, die Hosen
hübsch, hübscher, am hübschesten
das **Huhn**, die Hühner
die **Hummel**, die Hummeln
der **Hund**, die Hunde
hupen, er hupt, er hupte, er hat gehupt
hüpfen, sie hüpft, sie hüpfte, sie ist gehüpft

I i

ihn
ihr, ihre
ihren, ihrer
im
in
informieren, er informiert, er informierte, er hat informiert
ins
das **Internet**
das **Interview**, die Interviews
inzwischen
der **Irrtum**, die Irrtümer

J j

die **Jacke**, die Jacken
das **Jahr**, die Jahre
jetzt
die **Jury**, die Jurys

K k

der **Käfer**, die Käfer
der **Käfig**, die Käfige
der **Kaiser**, die Kaiser
kämmen, sie kämmt, sie kämmte, sie hat gekämmt
kassieren, er kassiert, er kassierte, er hat kassiert
die **Katastrophe**, die Katastrophen
kennen, sie kennt, sie kannte, sie hat gekannt
klappen, es klappt, es klappte, es hat geklappt
die **Klasse**, die Klassen
klettern, er klettert, er kletterte, er hat geklettert
klingen, es klingt, es klang, es hat geklungen
klug, klüger, am klügsten
kochen, er kocht, er kochte, er hat gekocht
kommen, sie kommt, sie kam, sie ist gekommen
können, er kann, er konnte, er hat gekonnt
krächzen, es krächzt, es krächzte, es hat gekrächzt
die **Krähe**, die Krähen

der **Krake**, die Kraken
krank
kratzen, sie kratzt, sie kratzte, sie hat gekratzt
kreativ, kreativer, am kreativsten
der **Krug**, die Krüge
die **Kuh**, die Kühe
kühl, kühler, am kühlsten
das **Küken**, die Küken

L l

laden, es lädt, es lud, es hat geladen
der **Laie**, die Laien
der/das **Laptop**, die Laptops
der **Lärm**
lärmen, es lärmt, es lärmte, es hat gelärmt
lärmend
lassen, er lässt, er ließ, er hat gelassen
laufen, sie läuft, sie lief, sie ist gelaufen
lecker, leckerer, am leckersten
der **Lehm**
die **Lehne**, die Lehnen
der **Lehrer**, die Lehrer
leihen, er leiht sich, er lieh sich, er hat sich geliehen
lernfähig, lernfähiger, am lernfähigsten
lesen, sie liest, sie las, sie hat gelesen
lieb, lieber, am liebsten
lieben, er liebt, er liebte, er hat geliebt
das **Lied**, die Lieder
liegen, sie liegt, sie lag, sie hat gelegen
die **Liste**, die Listen
loben, er lobt, er lobte, er hat gelobt
das **Los**, die Lose
los
lösen, sie löst, sie löste, sie hat gelöst

M m

machen, er macht, er machte, er hat gemacht
das **Mädchen**, die Mädchen
mähen, sie mäht, sie mähte, sie hat gemäht
der **Mai**
der **Mais**
malen, er malt, er malte, er hat gemalt
das **Malen**
man
die **Mannschaft**, die Mannschaften
markieren, sie markiert, sie markierte, sie hat markiert
der **März**
die **Maus**, die Mäuse
das **Mehl**
mein
merken, er merkt, er merkte, er hat gemerkt
messen, sie misst, sie maß, sie hat gemessen
das **Messer**, die Messer
mir
mit
die **Möbel** (Pluralwort)

möglichst**
der **Monat**, die Monate
der **Mond**, die Monde
das **Mountainbike**, die Mountainbikes
die **Mücke**, die Mücken
müssen, er muss, er musste, er hat gemusst
der **Mut**
mutig, mutiger, am mutigsten
die **Mutter**, die Mütter

N n

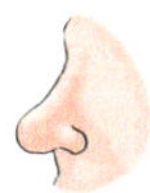

der **Nachbar**, die Nachbarn
nachdem
nah, näher, am nächsten
die **Nähe**
die **Naht**, die Nähte
die **Nase**, die Nasen
der **Nebel**
neben
nehmen, er nimmt, er nahm, sie hat genommen
das **Nest**, die Nester
nett, netter, am nettesten
nicht
niesen, er niest, er nieste, er hat geniest
nummerieren, sie nummeriert, sie nummerierte, sie hat nummeriert
nun
nur
nutzen, er nutzt, er nutzte, er hat genutzt

O o

obwohl
oder
der **Ofen**, die Öfen
offen
ohne
Olympia
die **Oma**, die Omas
operieren, sie operiert, sie operierte, sie hat operiert
organisieren, er organisiert, er organisierte

P p

packen, sie packt, sie packte, sie hat gepackt
das **Paket**, die Pakete
die **Pauke**, die Pauken
die **Physik**
piepen, es piept, es piepte, es hat gepiept
präsentieren, sie präsentiert, sie präsentierte, sie hat präsentiert
das **Präsentieren**
der **Preis**, die Preise
probieren, er probiert, er probierte, er hat probiert
pünktlich, pünktlicher, am pünktlichsten
putzen, sie putzt, sie putzte, sie hat geputzt

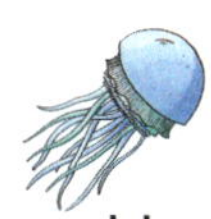

Qu qu

quaken, es quakt, es quakte, es hat gequakt

R r

der **Rahmen**, die Rahmen
rasen, sie rast, sie raste,

sie ist gerast
ratlos
rauben, er raubt, er raubte, er hat geraubt
räumen, sie räumt, sie räumte, sie hat geräumt
sich **räuspern**, er räuspert sich, er räusperte sich, er hat sich geräuspert
rechnen, sie rechnet, sie rechnete, sie hat gerechnet
rechtsschaffend
der **Regen**
das **Reh**, die Rehe
der **Reichtum**, die Reichtümer
reizen, sie reizt, sie reizte, sie hat gereizt
reparieren, sie repariert, sie reparierte, sie hat repariert
das **Rittertum**
der **Rock**, die Röcke
der **Rückweg**, die Rückwege
die **Ruhe**
rühren, sie rührt, sie rührte, sie hat gerührt

S s

die **Säge**, die Sägen
sagen, er sagt, er sagte, er hat gesagt
die **Sahne**
sammeln, sie sammelt, sie sammelte, sie hat gesammelt
saugen, er saugt, er saugte, er hat gesaugt
der **Saugroboter**, die Saugroboter
die **Säule**, die Säulen
das **Schaf**, die Schafe
schaffen, sie schafft, sie schaffte, sie hat geschafft
die **Schaffenskraft**
der **Schatten**, die Schatten
der **Schatz**, die Schätze
schenken, er schenkt, er schenkte, er hat geschenkt
schick, schicker, am schicksten
schicken, er schickt, er schickte, er hat geschickt
schlafen, sie schläft, sie schlief, sie hat geschlafen
der **Schlafraum**, die Schlafräume
schläfrig, schläfriger, am schläfrigsten
schließen, er schließt, er schloss, er hat geschlossen
schmecken, es schmeckt, es schmeckte, es hat geschmeckt
schnell, schneller, am schnellsten
schnitzen, sie schnitzt, sie schnitzte, sie hat geschnitzt
schön, schöner, am schönsten
schreiben, er schreibt, er schrieb, er hat geschrieben
das **Schreiben**
der **Schuh**, die Schuhe
die **Schuld**
die **Schule**, die Schulen
der **Schüler**, die Schüler
schwimmen, sie schwimmt, sie schwamm, sie ist geschwommen
sehen, er sieht, er sah, er hat gesehen

sehr
sein, seine
sein, ich bin, du bist, er/sie/es ist, wir sind, ihr seid, sie sind, ich war, du warst, er/sie/es war, wir waren, ihr wart, sie waren, ich bin gewesen, du bist gewesen, …
die **Seltenheit**
senden, gesandt
sich **setzen**, sie setzt sich, sie setzte sich, sie hat sich gesetzt
sich
sie
Silvester
sind
der **Sitz**, die Sitze
sitzen, sie sitzt, sie saß, sie hat gesessen
sogar
sonst
spät, später, am spätesten
spätestens
der **Spatz**, die Spatzen
sperren, sie sperrt, sie sperrte, sie hat gesperrt
der **Spiegel**, die Spiegel
sprechen, er spricht, er sprach, er hat gesprochen
springen, sie springt, sie sprang, sie ist gesprungen
der **Stab**, die Stäbe
die **Stadt**, die Städte
stadtbekannt
städtisch
staubig, staubiger, am staubigsten
stecken, er steckt, er steckte, er hat gesteckt
stehen, es steht, es stand, es hat gestanden
stehlen, er stiehlt, er stahl, er hat gestohlen
steigen, sie steigt, sie stieg, sie ist gestiegen
die **Stelle**, die Stellen
stellen, er stellt, er stellte, er hat gestellt
steuern, sie steuert, sie steuerte, sie hat gesteuert
der **Stiefel**, die Stiefel
stinken, es stinkt, es stank, es hat gestunken
das **Stockwerk**, die Stockwerke
sich **sträuben**, sie sträubt sich, sie sträubte sich, sie hat sich gesträubt
der **Strauß**, die Sträuße
streiten, er streitet, er stritt, er hat gestritten
die **Strophe**, die Strophen
das **Stück**, die Stücken
stützen, er stützt, er stützte, er hat gestützt
surfen, sie surft, sie surfte, sie hat/ist gesurft
süß, süßer, am süßesten
das **Symbol**, die Symbole

T t

das **Tablet**, die Tablets
der **Tag**, die Tage
täglich
der **Taifun**, die Taifune
die **Tasse**, die Tassen

der **Teller**, die Teller
die **Terrasse**, die Terrassen
das **Theater**, die Theater
der **Toaster**, die Toaster
toben, er tobt, er tobte,
er hat getobt
trainieren, sie trainiert,
sie trainierte, sie hat trainiert
die **Träne**, die Tränen
treffen, er trifft, er traf,
er hat getroffen
der **Treibstoff**, die Treibstoffe
treten, sie tritt, sie trat,
sie hat getreten
trinkbar
der **Triumph**, die Triumphe
trotz
trotzdem
das **T-Shirt**, die T-Shirts
türkis

U u

über
um
umfahren
der **Umweltschutz**
unendlich
ungefähr
ungekämmt
unsere
unserer
unter
unterwegs

V v

die **Vanille**
die **Vase**, die Vasen
das **Verbot**, die Verbote
verbieten, er verbietet,
er verbot, er hat verboten
verfehlen, sie verfehlt,
sie verfehlte, sie hat verfehlt
vergessen, er vergisst,
er vergaß, er hat vergessen
das **Verhältnis**, die Verhältnisse
vermissen, sie vermisst,
sie vermisste, sie hat vermisst
verreisen, er verreist,
er verreiste, er ist verreist
verschlafen, sie verschläft,
sie verschläft,
sie hat verschlafen
sich **verspäten**,
er verspätet sich,
er verspätete sich,
er hat sich verspätet
das **Verständnis**
vertrauen, sie vertraut,
sie vertraute, sie hat vertraut
verwandt
der **Verwandte**, die Verwandten
die **Verwandte**, die Verwandten
die **Verwandtschaft**
viel, mehr, am meisten
viele
vielleicht
die **Villa**, die Villen
der **Virus**, die Viren
der **Vogel**, die Vögel
vollständig
vom
von
vor
voraus
vorbei
vorfahren, er fährt vor,

er fuhr vor, er ist vorgefahren
vorne
die **Vorsicht**
vorsichtig, vorsichtiger,
am vorsichtigsten
die **Vorstellung**, die Vorstellungen
vorüber
der **Vulkan**, die Vulkane

W w

das **Wachstum**
sich **wagen**, er wagt sich,
er wagte sich,
er hat sich gewagt
wählen, sie wählt, sie wählte,
sie hat gewählt
wahr
während
die **Wanderschaft**
warten, sie wartet, sie wartete,
sie hat gewartet
der **Weg**, die Wege
weil
die **Welle**, die Wellen
die **Welt**
wenn
wickeln, er wickelt, er wickelte,
er hat gewickelt
wiegen, es wiegt, es wog,
es hat gewogen
die **Wildnis**
die **Wirtschaft**
wissen, sie weiß, sie wusste,
sie hat gewusst
die **Wissenschaft**,
die Wissenschaften
der **Witz**, die Witze
wohnen, sie wohnt, sie wohnte,
sie hat gewohnt
die **Wohnung**, die Wohnungen
wollen, er will, er wollte,
er hat gewollt
das **Wunder**, die Wunder

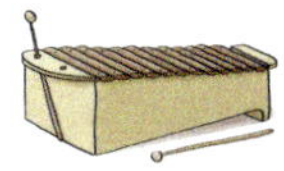

X x

das **Xylofon**, die Xylofone

Y y

die **Yacht**, die Yachten
das **Yak**, die Yaks

Z z

die **Zahl**, die Zahlen
zähmen, sie zähmt, sie zähmte,
sie hat gezähmt
der **Zeh**, die Zehen
zeigen, er zeigt, er zeigte,
er hat gezeigt
das **Zeug** (Pluralwort)
das **Zeugnis**, die Zeugnisse
ziehen, sie zieht, sie zog,
sie hat gezogen
das **Ziel**, die Ziele
das **Zimmer**, die Zimmer
das **Zuckerrohr**
der **Zug**, die Züge
zuhören, sie hört zu, sie hörte
zu, sie hat zugehört
zum
zur
zusammen

Kompetenzübersicht

Themen-Kapitel	Sprechen und Zuhören	Schreiben: Texte verfassen	Lesen- mit Texten und Medien umgehen
Willkommen in Klasse 4 S. 4 – 7	sich an vorgegebene und selbst formulierte Regeln halten **7**	spielerisch und im Austausch Textideen entwickeln, eine Anleitung aufschreiben und umsetzen **4**	Wortarten und Fachbegriffe wiederholen, spielerische Rätselfragen lesen und (zuhörend) verstehen **6**; Spielanleitung verstehen und umsetzen **7**
Wo wir leben S. 8 – 21	Bilder genau beschreiben, Gefühle und persönliche Interessen ausdrücken und erklären **8**; Sprechbeiträge begründet einschätzen, Kriterien anschaulichen Erzählens kennen und anwenden **9**	verschiedene Textsorten kennen, interessegeleitet eine Textsorte wählen und funktionsgerecht schreiben **10**; verschiedene Präsentationsformen kennen, sich über Vor- und Nachteile austauschen, begründet Präsentationsform auswählen **11**	Computer zum Schreiben verwenden **10**; mit einer App ein Buch erstellen **11**
Heldenhafte Superkräfte S. 22 – 35	Beobachtungen wiedergeben, eigene Interessen und Gefühle beschreiben, austauschen und präsentieren **22**; Interview planen und durchführen, Zuhörstrategien nutzen, gehörte Informationen notieren, strukturieren **23**	Wirkung sprachlicher Mittel reflektieren, wörtliche Rede mit Begleitsatz korrekt in Texten verwenden **24**; Erzähltext kriterienorientiert überprüfen und überarbeiten eigenen Text strategiegeleitet verfassen **25**; Texte orthografisch und sprachlich prüfen, korrigieren und überarbeiten Fachbegriffe und Korrekturzeichen kennen **26**; über Textkorrektur/Überarbeitung beraten, kriteriengeleitet zu eigenen und fremden Texten in Schreibkonferenz beraten **27**	
In der Medienwelt S. 36 – 49	funktionsangemessen sprechen: genau beschreiben, erklären; persönliche Erfahrungen einbringen **36**; spielerisch algorithmische Sequenz planen, programmierende Sprechweise anwenden **37**	Algorithmus kriteriengeleitet überarbeiten, algorithmischen Text planen und umsetzen **39**	algorithmische Muster und Strukturen erkennen, nachvollziehen und reflektieren **38**; Problemlösen, Modellieren **37 – 39**; Medienprojekt (Imagefilm) strategisch planen und umsetzen; Bedienen, Anwenden, Informieren, Recherchieren, Kommunizieren, Kooperieren, Analysieren, Produzieren, Präsentieren **40, 41**
Kinder der Welt S. 50 – 63	funktionsangemessen sprechen: beschreiben und vermuten **50**; beschreiben und erklären, sich ergebnisorientiert an Gesprächsform (Kugellager) beteiligen **51**	Strukturierungs- und Planungshilfe nutzen: Planungsbogen für Lapbook **52**; Strukturierungs- und Gestaltungsmöglichkeiten reflektieren, ein Lapbook präsentieren **53**	Informieren und Recherchieren **50**
So lebten die Wikinger S. 64 – 77	beschreiben und erzählen; Notizen machen: Stichpunktkarten schreiben **64**; Referat planen, adressatenorientiert Sprechstrategien wählen; Stichpunktkarten nutzen **65**	informierenden Text planen: Sachtext; Schreibziel fomulieren; Stichpunktkarten als Strukturierungshilfe **66**; adressaten- und funktionsgerecht schreiben; Sachtext strategiegeleitet verfassen und überarbeiten **67**	Informationen entnehmen, Informieren und Recherchieren **64**
Im All unterwegs S. 78 – 91	situationsgerecht sprechen: beschreiben; Vermutungen, eigene Erfahrungen und Meinungen einbringen **78**; Informationen entnehmen, sprachliche Mittel auf Wirkung untersuchen: Anschaulichkeit; kreativ mit Sprache umgehen: Vergleiche **79**	erzählerische Elemente untersuchen, Fachbegriffe kennen: Spannungsbogen, Handlungsschritte, Spannungshöhepunkt **80**; erzählerische Elemente untersuchen; eine spannende Geschichte planen **81**; Spannungsmelder kennen und nutzen **81**; strategiegeleitet Texte spannend schreiben; spielerisch und kreativ mit Sprache umgehen **82, 90**; eigenen Lernerfolg reflektieren **90**	
Alles Werbung?! S. 92–105	beschreiben, berichten, Meinung einbringen; Werbung kritisch reflektieren **92**; eigene Meinung ausdrücken; verstehend und aktiv zuhören; Hörstrategien kennen und nutzen **93**	Schreibziel: Schreibabsicht und Verwen-dungszusammenhang klären, Merkmale von Werbesprüchen beschreiben **94**; Text- und Präsentationsform strategiegeleitet und kriterienorientiert gestalten: Werbeplakat **95**	Analysieren und Reflektieren **92**; Produzieren und Präsentieren **95**
Natur erleben S. 106–119	funktionsangemessen sprechen: genau beschreiben und erzählen; sich an Gesprächen beteiligen **106**; informierend und adressatenorientiert sprechen, wichtige und unwichtige Informationen unterscheiden **107**	einen Bericht strategiegeleitet planen (W-Fragen, Stichpunkte zu den Textteilen) **108**; Text an Schreibaufgabe überprüfen und verbessern; Text ziel- und kriterienorientiert schreiben **109**	
Wie wir uns verändern S.120–133	funktionsangemessen sprechen: beschreiben und erzählen; aktiv eigene Vorstellungen einbringen **120**; richtige Fragetechnik reflektieren; Zuhörstrategien beachten **121**	strategiegeleitet ein Interview vorbereiten (Schreibziel) und am Computer notieren **122**; Text kriteriengeleitet bewerten, überarbeiten und gestalten **123**	Informieren und Recherchieren **121**; Produzieren und Präsentieren **122, 123, 130**; Texte mit dem Computer korrigieren und gestalten **130**
Durch das Jahr S. 134–141	streitschlichtende Äußerungen kennen; sich durch Ich-Botschaften in einem Streit deeskalierend verhalten **134**; Ablauf eines Streitschlichtungsgesprächs kennen und merken; den Zweck der Regelhaftigkeit reflektieren **135**; Bauplan, Besonderheit und Wirkung eines Limericks kennenlernen und beschreiben **136**;	Text-Muster für eigenen Limerick nutzen; Text anhand der Vorgaben überprüfen; eigenes Gedicht vortragen (Rezitation) **137**; Aufbau und Besonderheit eines Schnellsprechverses kennenlernen und beschreiben, selbst Verse schreiben **138**; Schnellsprechverse anhand der formalen Vorgaben bewerten, überarbeiten; verschiedene Rezitationsformen kennen **139**; Bauplan und Besonderheit eines Haikus kennenlernen; ein Haiku überarbeiten **140**; Strategien zur Ideenfindung nutzen; Haikus schreiben und präsentieren **141**	

Schreiben: Richtig schreiben	Sprache untersuchen
Wortarten und Fachbegriffe wiederholen, spielerische Rätselfragen lesen und (zuhörend) verstehen **6**	über Bildungs- und Alltagssprache reflektieren, Operatoren kennen und verstehen **5**; Wortarten und Fachbegriffe wiederholen spielerische Rätselfragen lesen und (zuhörend) verstehen **6**
grammatisches Wissen für Großschreibung nutzen: Nomen mit den Wortbausteinen -nis, -schaft, -tum **16, 21**; Nomen großschreiben, verschiedene Nomenproben kennen **17**; rechtschreibwichtige Wörter und individuelle Fehlerwörter normgerecht schreiben, Übungsformen selbstständig nutzen**18, 19**; methodisch sinnvoll abschreiben; Wörter des Grundwortschatzes **19**; eigenen Lernerfolg reflektieren **21**	grundlegende Fachbegriffe kennen: Verben, Grundformen und Zeitformen kennen **12**; verschiedene Satzarten und Fachbegriffe kennen: Aufforderungsform (Imperativ), Satzstruktur erkennen und anwenden **13, 20**; Gemeinsamkeiten und Unterschiede von Sprachen untersuchen (Dialekte), Bedeutung einzelner Wörter beschreiben **14**; Mehrzahlbildungen kennen; Wörtersammlung nach grammatischen Gesichtspunkten **15**; eigenen Lernerfolg reflektieren **20**
Regeln der Zeichensetzung beachten: bei wörtlicher Rede mit nachgestelltem Begleitsatz **29, 34**; Rechtschreibstrategien anwenden: mit Wortbausteinen arbeiten (Wortstamm END) **30**; sprachliche Mittel kennen und mit korrekter Zeichensetzung anwenden: Komma bei Aufzählungen **31, 35**; Texte orthografisch und sprachlich prüfen, korrigieren und überarbeiten; Fachbegriffe und Korrekturzeichen kennen **32**; Lern- und Arbeitstechniken nutzen; methodisch sinnvoll abschreiben; Wörter des Grundwortschatzes **33**; eigenen Lernerfolg reflektieren 34, **35**	sprachliche Mittel kennen und verwenden: wörtliche Rede mit vorangestelltem und nachgestelltem Begleitsatz **28**
Rechtschreibstrategie anwenden: Nomen und Adjektive verlängern **44**; Rechtschreibstrategie anwenden: Nomen, Adjektive und Verben verlängern **45, 46, 49**; sprachliche Mittel und Rechtschreibung strategisch analysieren, Übungsformen selbstständig nutzen **46**; Arbeitstechniken nutzen; methodisch sinnvoll abschreiben; Wörter des Grundwortschatzes **47**; eigenen Lernerfolg reflektieren **49**	Texte sprachlich optimieren: Wortfelder kennen und nutzen, erklären und begründen **42, 48**; Begründungen und Erklärungen geben, Fachbegriffe: besitzanzeigende Pronomen, sprachliche Mittel nutzen und erklären **43**; eigenen Lernerfolg reflektieren **48**
Begründungen und Erklärungen geben **57 – 59**; Rechtschreibstrategie nutzen: Merken (Fremdwörter) **57**; Rechtschreibstrategien nutzen: Schwingen; Vokallänge prüfen (Doppelkonsonanz) **58**; Rechtschreibstrategien nutzen: Schwingen; Vokallänge prüfen (Wörter mit ck und tz) **59, 63**; über Rechtschreibstrategien reflektieren und sie anwenden; Übungsformen selbstständig nutzen **60**; Lern- und Arbeitstechniken nutzen; methodisch sinnvoll abschreiben; Wörter des Grundwortschatzes **61**; eigenen Lernerfolg reflektieren **63**	sprachliche Operationen nutzen: umstellen **54 – 56**; Fachbegriffe kennen, Satzglied Subjekt bestimmen **54**; Fachbegriffe kennen, Satzglied Prädikat bestimmen **55**; Fachbegriffe kennen, zweiteiliges Prädikat bestimmen **56, 62**; eigenen Lernerfolg reflektieren **62**
Rechtschreibstrategie anwenden: Merkwörter mit h **71**; Rechtschreibstrategie anwenden: mit Wortbausteinen arbeiten; Wörter nach Wortfamilien ordnen **72, 77**; Rechtschreibstrategie nutzen: Wörter ableiten; kooperatives Format gestalten und nutzen **73**; Fehlersensibilität entwickeln: eigene Texte sprachlich und orthografisch verbessern **74** Lern- und Arbeitstechniken nutzen; methodisch sinnvoll abschreiben; Wörter des Grundwortschatzes **75**; eigenen Lernerfolg reflektieren **77**	Satzglieder unterscheiden: Akkusativ; Fachbegriffe kennen **68, 76**; Satzglieder unterscheiden: Dativ; Fachbegriffe kennen **69**; sprachliche Strukturen und Verfahren kennen und anwenden: Verschmelzung von Artikel und Präposition **70**; eigenen Lernerfolg reflektieren **76**
Rechtschreibstrategien verwenden: verlängern bei Wörtern mit s und ß **86**; Rechtschreibstrategie anwenden: Merkwörter mit ä **87, 91**; Lerntechniken zum Trainieren der Rechtschreibkompetenz kennen: Fehlerschwerpunkte finden **88**; Lern- und Arbeitstechniken nutzen; methodisch sinnvoll abschreiben; Wörter des Grundwortschatzes **89**; eigenen Lernerfolg reflektieren **91**	kreativ mit Sprache umgehen: Vergleiche **79, 82**; Satzglieder unterscheiden: Ortsergänzung; Fachbegriffe kennen **84**; Satzglieder unterscheiden: Zeitergänzung; Fachbegriffe kennen; erklären und beschreiben **85**
Rechtschreibstrategie anwenden: Nomenprobe mit Adjektiv; sprachliche Operationen nutzen h **99**; Rechtschreibstrategien anwenden: Silben schwingen und Verlängern bei Wörtern mit silbeninitialem h **100, 105**; Rechtschreibstrategie anwenden: Merkwörter mit C/c und Ph/ph **101**; Arbeits- und Lerntechniken selbstständig nutzen: Im Wörterbuch nachschlagen **102**; Lern- und Arbeitstechniken nutzen; methodisch sinnvoll abschreiben; Wörter des Grundwortschatzes **103**; eigenen Lernerfolg reflektieren **105**	Möglichkeiten der Wortbildung kennen; grammatisches Wissen für Rechtschreibung nutzen: mit Wortbausteinen arbeiten **96, 104**; begründen und erklären; Möglichkeiten der Wortbildung kennen und anwenden: Nomenkomposita **97, 104**; begründen und erklären; Möglichkeiten der Wortbildung kennen und anwenden: Adjektivkomposita **98**; eigenen Lernerfolg reflektieren **104**
Regeln der Trennung am Zeilenende kennen und verwenden **114, 119**; Rechtschreibstrategie anwenden: merken bei Merkwörtern mit ai und dt **115**; passende Lern- und Übungsformen zum Training der Rechtschreibkompetenz kennen und selbstständig nutzen **116**; Lern- und Arbeitstechniken nutzen; methodisch sinnvoll abschreiben; Wörter des Grundwortschatzes **117**; eigenen Lernerfolg reflektieren **119**	Fachbegriffe verwenden: Genus des Nomens; Wörter sammeln und ordnen **110**; sprachliche Strukturen kennen: Fälle des Nomens; sprachliche Operationen nutzen: fragen **111, 118**; Möglichkeit der Satzverbindung kennen; Bedeutung und Funktion der Bindewörter kennen und Komma setzen **112, 113**; eigenen Lernerfolg reflektieren **118**
Rechtschreibstrategien anwenden: merken bei Merwörtern mit V/v **128**; Rechtschreibstrategien selbstständig anwenden; Fehlersensibilität entwickeln **129**; Arbeitstechniken selbstständig nutzen: Texte mit dem Computer korrigieren und gestalten **130**; Lern- und Arbeitstechniken nutzen; methodisch sinnvoll abschreiben; Wörter des Grundwortschatzes **131**	sprachliche Begriffe kennen und verwenden; Zeitstufen bei Verben unterscheiden und nutzen: Futur I **124, 132**; Zeitstufen bei Verben unterscheiden und nutzen: Präsens, Perfekt, Präteritum, Futur I; vermuten und begründen **125**; Satzglieder unterscheiden; Fachbegriffe kennen: Subjekt, Prädikat, Dativ, Akkusativ, Zeit- und Ortsergänzung **126**; die maßgebliche Bedeutung des Verbs im Satz erkennen (Verben mit zwingender Akkusativ- oder Dativfolge) **127, 133**; eigenen Lernerfolg reflektieren **132, 133**

Erarbeitet von
Björn Bauch (Kirchzarten), Ulrike Dirzus (Iserlohn), Gabriele Hinze (Metelen), Alexandra Isack (Frankfurt), Kerstin Riesberg (Wallenhorst) und Romina Stevens (Bramsche)

Auf der Grundlage von
BAUSTEINE Sprachbuch 4 (Ausgabe 2016)
Erarbeitet von Björn Bauch, Ulrike Dirzus, Gabriele Hinze, Alexandra Isack, Hans-Peter Schmidt und Katharina Speer

Illustriert von
Lars Baus *(Coverillu, Natur erleben, Durch das Jahr)*, Thomas Dähne *(So lebten die Wikinger, Wie wir uns verändern)*, Iris Frampton *(In der Medienwelt, Alles Werbung?!)*, Carola Holland (*Willkommen in Klasse 4, Wo wir wohnen, Kinder der Welt*), Inge Voets (*Heldenhafte Superkräfte, Im All unterwegs*) sowie Angela Glökler (*Quiesel*) und Franziska Kalch (*Anlautbilder)*

Abbildungsnachweis
|Alamy Stock Photo, Abingdon/Oxfordshire: Bjorkviken, Rikard 8.1; dbtravel 50.3; Elias, Jose / StockPhotosArt - Urban Landscape 8.3; Kaye, Theodore 50.7; Ostertag, George 8.2, 12.1; Pearce, Stuart 8.4. |Dirzus, Ulrike, Iserlohn: 52.1, 52.2. |iStockphoto.com, Calgary: 3DSculptor 78.2; alex-mit 78.1; demerzel21 50.5; jamesbenet 78.3; Northcut, Thomas 40.1; Pgiam Titel. |Kalch, Franziska, Gornau: 146.1. |mauritius images GmbH, Mittenwald: Caia Image / Daly, Robert 50.6; imageBROKER 50.9; imageBROKER / Kuttig, Siegfried 50.4; Pitopia / sven h 50.1; Werdinger, Leon / Alamy Stock Photos 50.8. |Picture-Alliance GmbH, Frankfurt a.M.: ESA/dpa 78.6; M.i.S.-Sportpressefoto 8.6. |Shutterstock.com, New York: inrainbows 8.5. |stock.adobe.com, Dublin: arrowsmith2 50.2; dietwalther 140.3; diversepixel 78.5, 91.1; exclusive-design 140.2; eyetronic 141.1; haiderose 140.1; joda 141.3; koya979 78.4; Tavani, Romolo 141.4; travnikovstudio 141.2.

Druck A³ / Jahr 2025
Alle Drucke der Serie A sind im Unterricht parallel verwendbar.

Redaktion: Eric Fischer
Layout: Godewind, Hamburg
Umschlaggestaltung: Visuelle Lebensfreude, Hannover
Satz und technische Umsetzung: Satzteam Bleifrei, Hildesheim
Druck und Bindung: Westermann Druck GmbH, Georg-Westermann-Alle 66, 38104 Braunschweig

ISBN 978-3-14-**137084**-3